Ernst Decsey

HUGO WOLF

Erster Band: Hugo Wolfs Leben
1860 – 1887

Decsey, Ernst: Hugo Wolf. Erster Band: Hugo Wolfs Leben 1860 – 1887
Hamburg, SEVERUS Verlag 2011.
Nachdruck der Originalausgabe von 1903.

ISBN: 978-3-86347-161-3
Druck: SEVERUS Verlag, Hamburg 2011

Der SEVERUS Verlag ist ein Imprint der Diplomica Verlag GmbH.

Bibliografische Information der Deutschen Nationalbibliothek:
Die Deutsche Nationalbibliothek verzeichnet diese Publikation in der Deutschen Nationalbibliografie; detaillierte bibliografische Daten sind im Internet über http://dnb.d-nb.de abrufbar.

© **SEVERUS Verlag**
http://www.severus-verlag.de, Hamburg 2011
Printed in Germany
Alle Rechte vorbehalten.

Der SEVERUS Verlag übernimmt keine juristische Verantwortung oder irgendeine Haftung für evtl. fehlerhafte Angaben und deren Folgen.

Meinen lieben Eltern

in Dankbarkeit gewidmet.

Vorwort.

Vom Leben eines deutschen Künstlers will dies Buch Einiges erzählen, von seinem Werden und Sein, seiner Not und seiner Kraft, seiner Seele und seiner Musik; es will von der Geschichte Hugo Wolfs berichten, wenn es auch nicht jede Krümmung beschreibt, die sein Weg einmal machte, sondern bloss die Hauptlinien nachzeichnet.

Hugo Wolf ist vor kurzem gestorben. Es mag nun wohl sein, dass in dem entworfenen Bilde mancher Zug nur angedeutet blieb, manche Linie nur schwach ausgezogen wurde — später, in Jahren, wird man die blassen Striche farbiger und kräftiger nachziehen können, wenn nicht mehr die Gedanken an noch lebende Personen dem Zeichner in den Arm fallen, und dem Erzähler das Leben alle seine Archive geöffnet haben wird.

Und doch dürfte aus dem Buche vom Geiste dieses Lebens etwas hervorgehen, das weniger laut und dramatisch verlief, als es sich still und intim, und namentlich zu Anfang die Vorgänge vor der Welt gleichsam versteckend, abspielte: das Leben eines Lyrikers.

Im übrigen erfuhr ich unter der Arbeit die Wahrheit, die Goethe in einen Satz gefasst hat, welchen er an die Spitze seiner Geschichte der Farbenlehre stellt: „Wer Material zu einem Gebäude liefert, bringt immer mehr und weniger als erforderlich ist, denn dem Herbeigeschafften muss öfters so viel genommen werden, nur um ihm eine Form zu geben, und an dasjenige, was eigentlich zur letzten besten Zierde gereicht, daran pflegt man zu Anfang einer Bauanstalt am wenigsten zu denken." So musste ich manchen Baustein, der mit Mühe herbeigeschafft worden war, wieder beiseite legen, um am Ende zu vermissen, was der Arbeit „zur letzten besten Zierde" gereicht hätte.

An literarischem Material habe ich für diese vor ungefähr zwei Jahren begonnenen Studien einiges benutzt, namentlich Edmund Hellmers wertvolle Briefpublikationen in der Deutschen Zeitung. Was nach dem 22. Februar 1903, dem Tage, der Hugo Wolf von dieser Erde erlöst hat, erschien, konnte ich nur in geringem Ausmasse mehr verwenden.

Die Quellen sind im Texte selbst angegeben, ebenso die Namen der Personen, die mich in dankenswerter Weise unterstützten, sei es durch Überlassung von Briefen, wie Detlev von Liliencron, Hofkapellmeister Felix Mottl oder Herr Josef Strasser in Graz, oder durch mündliche Mitteilungen und Winke, wie Friedrich Eckstein, Adalbert von Goldschmidt, Edmund Hellmer und Max Wolf, der Bruder des Verewigten. Ihnen, wie allen anderen Gewährsmännern gebührt mein aufrichtigster Dank. Ebenso muss ich noch der Herren Dr. W. Fischer, Vorstandes, und K. W. Gawalowski, Skriptors der steiermärkischen Landesbibliothek am Ioanneum gedenken, die in der liebenswürdigsten Weise das publizistische Material herbeischaffen halfen.

Der vorliegende Band umfasst die erste Hälfte des Lebens, die Jugend Hugo Wolfs, und reicht bis 1887, dem Jahre, in dem die ersten Lieder des Künstlers erschienen. Da dieser Zeitpunkt einen tiefen Einschnitt in sein Leben und Schaffen macht, empfahl es sich auch, die literarische Darstellung um diesen Punkt zu gruppieren. Ein zweiter Band soll die zehn Jahre des Meisterschaffens — 1887 bis 1897 — würdigen, namentlich das Kunstwerk Wolfs musikalisch untersuchen und erläutern, und vom Ausgang und Ausklang dieses kurzen Lebens Nachricht geben.

Dem grossen Sohne der deutschen Steiermark wird im August dieses Jahres die Heimat das erste Denkmal setzen, da auf seinem Geburtshause in Windischgraz die Gedenktafel feierlich enthüllt wird. Als bescheidene Festgabe möchte ich dieses Buch in die Hände der Landsleute Hugo Wolfs legen, und als Gedenkblatt der Welt-Gemeinde Wolfs, die ihn liebt und verehrt, anheimgeben.

GRAZ, im Frühling 1903.

Der Verfasser.

INHALT

	Seite
Aus jungen Tagen	9
Aus den Lehrjahren	17
Richard Wagner und Hugo Wolf	35
Jahre der Bohème	61
Der Kritiker	78
Ahnung und Gegenwart (1884—1887)	114
Anhang	145

WINDISCHGRAZ

I. Kapitel.
Aus jungen Tagen.

In Südsteiermark ist Hugo Wolf zu Hause, einem Lande, dessen Seele man bis jetzt wenig erforscht hat. Wer von der Steiermark spricht, meint gewöhnlich das Oberland, die Waldheimat Roseggers, meint die frischgrüne Mark, die sich vom Semmering auf mächtigen Bergrücken hereinzieht, mit ihren behäbigen, breit-redenden und naiv-schneidigen Menschen. Aber dieses Land ist ein ganz anderer Bezirk als die Untersteiermark, wo die Berglinien weicher und matter werden, die schroffen Hochalpen öfter in Hügelland zerbröckeln und wo die Menschen findiger und schärfer von Gedanken sind. In der oberen Mark wohnt die Naivetät, in der unteren die Reflexion. Der Norden spricht nur eine Sprache: die deutsche; der Süden des Landes spricht deutsch und wendisch. In den untersteirischen Städten trifft man durchaus Deutsche, versprengte Söhne der grossen Mutter, aber wenn man über die Pässe von Norden ins flache Land hinabwandert, hört man bald die Slaven ihre weichgedehnten und gezogenen Worte reden. Nicht friedlich leben dort die Menschen, deutsches und wendisches Blut mögen sich oft vermischen, aber nicht die Gesinnungen beider Stämme, die sich feindlich ansehen, wie die Uhlen und die Kreyen in Frenssens berühmt gewordenem Roman. Es ist ein ewiges Kriegführen unter ihnen, und der nationale Groll klingt wie unterirdischer Donner dumpf in das Leben.

Sei es nun dies, sei es die Einöde der Abgeschlossenheit, sei es beides, oder noch mehr: man merkt es leicht, wie misstrauisch, wie „kritisch" der untersteirische Städter ist, wie gerne er die Zugänge zu seiner Seele verschliesst, wie ungern er sich in Haus und Herz gucken lässt. Es ist, als ob er vorab in jedem, der sich nähert, den Feind wittere und die Manöver des Fremden vorsichtig beobachte, bevor er sich ergäbe. Er ist durch kleine Dinge leicht verletzt, und schwer zu versöhnen, wird aber leicht herzlich und schliesst sich rascher auf, wenn man ihm sozusagen verlässlich scheint, und zu seines Gleichen zählt. Ja, im entre nous der engen alten Städte reichen sich die Menschen gastlich die Hände und putzen sich das Leben durch Geselligkeit und Humor und namentlich durch Musik auf, so gut es geht, denn sie sind entfernt von der grossen Welt und ihren Kulturen.

Allerdings gehört die Südmark schon zum ältesten deutschen Kulturboden; alte Geschichte ist dort heimisch, und gerade von jener Gegend, aus der Hugo Wolf hervorkam, lässt schon Wolfram von Eschenbach seinen Parzival dem Trevrizent vielerlei berichten.*) Und das muss man auch noch sagen: Musik klingt im ganzen Land, im Norden wie im Süden, und ob das Volk in den Tälern den Wein keltert oder über Abgründen ein bischen Heu zusammenrauft — es singt, denn die Musik ist das Blut des Steirers, und keine Provinz Österreichs, nur Böhmen etwa ausgenommen, hat der Welt so viele Tonkünstler geboren, als die Steiermark. Durch sieben Jahrhunderte zieht sich die stattliche Suite von Theoretikern, Komponisten, Dirigenten, Sängern, die mit dem ältesten, dem Engelbertus Admontensis, beginnt, und mit dem grössten, Hugo Wolf, endigt. So hat die Kunstgeschichte eine Pikanterie ersonnen, als sie den Sänger der feinnervigen Ritornelle des Italienischen Liederbuches dem Volke entnahm, das die derben Vierzeiler singt.

Schon im 18. Jahrhundert hatte sich Max Wolf, der Urgrossvater Hugos, in Windisch-Graz angesiedelt, einem Städtchen, in dem heute 2000 Menschen wohnen und das im sonnigen Mieslingtale liegt, gerade in einer Scharte zwischen dem Urgebirge des Bacher und seinem Vis-à-vis, der Ursula. Geht man die Hauptstrasse des Ortes hinab, so sieht man das Haus mit dem gastlichen Bänkchen

---

*) „Parzival und Titurel" von Wolfram von Eschenbach. (Ausgabe im Originaltext von Bartsch, II. Teil. Leipzig, Brockhaus.) Die Stelle, die hier gemeint ist, findet sich im IX. Buch, Vers 1971—1988. Sie beginnt mit den Worten: „Uz Zilje (Cilli) ich für den Rohas reit," und endet: „So ist'z lant genennet Stire." Es ist darin die Rede von Gandine, einer Stadt bei Pettau, dem Grajenabach, der sich dort in die Drau (Trâ) ergiesst, u. s. w.

vor dem Tore, wie es üblich ist, wo Franz Wolf, der Sohn Maxens, mit Fleiss und Regsamkeit die Lederei betrieb. Dem kernigen Manne war am 1. Mai 1828 der zweite Sohn*) — Philipp, der Vater Hugos — geboren worden, der nach den Wanderjahren die väterliche Lederei übernahm und, mannbar geworden, mit Katharina Nussbaumer aus Malborghet in Kärnten die Ehe schloss. Acht Kinder**) kamen im Wolfschen Hause zur Welt, als viertes Hugo am 13. März 1860. Einer kindergesegneten deutschen Kleinbürgerfamilie ist also der Künstler — gleich Haydn und Schubert — entsprossen, er ist, wie man in Österreich sagt, der Sohn jenes „kleinen Mannes", der der Ahn so manches grossen Menschen war, und bei dem sich namentlich die Musikgeschichte zu bedanken hat.

Im Hause Philipp Wolfs hallte es von Arbeit und Musik. Denn der Lederermeister war im Herzensgrunde kein erwerbender Mann, kein money-maker und — kein Lederer. Wohl hatte er es zu behaglicherem Wohlstand gebracht. Haus und Werkstatt waren ererbt und manches Stück Geld dazu erarbeitet, blühte doch auch das Geschäft des Lederers in jenen Zeiten, wo die Bauern sich das Schuhzeug selbst im Hause nähten, viel reicher als heute, wo die städtische Fabrik das Land versorgt. Freilich, das Jahr 1867 ist für die Wolfsche Familie ein Unglücksjahr gewesen: eine furchtbare Brandkatastrophe brach aus, die den Wohlstand des Hauses fast vernichtete. Von diesem Schlage konnte sich Vater Philipp nie wieder ganz erholen. Denn die Kinder wuchsen gross und die Ausgaben noch grösser. Alle drei Brüder sollten studieren, worauf der Vater besonders hielt; denn er gedachte oft mit Wehmut, wie er gar gerne studiert hätte und sein Vater (Franz) ihn zwang, das Geschäft, zu dem er gar keine Lust hatte, zu übernehmen.***)

Das ist wahr. Philipp Wolf war einer jener Halbunglücklichen, die nicht werden durften oder konnten, was sie sind; eine heisse Kunstliebe brannte heimlich in den Tiefen seiner Seele, während er,

---

*) Der erste Sohn, der Onkel Hugos, hiess gleichfalls Franz.
**) Die Reihenfolge ist: Modesta, Adrienne, Max, Hugo, Gilbert, Cornelia, Katharina und Adrienne. Die erste Adrienne und Cornelia sind früh verstorben.
***) Aus einem Briefe Modestas, von Ed. Hellmer zuerst in der „Deutschen Zeitung" (Wien) veröffentlicht.

gezwungen, am harten Holze profanen Handwerks schnitzte. Bis zu jenem ruinösen Jahr lebte er gleichwohl freier und heiterer, ja der brave Lederermeister durfte sich's gönnen — und wie gerne gönnte er sich's — eher für eine gute Violine als für neue Häute Geld auszugeben. Er glich dem Musikervater Veit Bach, der ein Bäcker war und „sein meistes Vergnügen" an einer Guitarre hatte, die er „auch mit in die Mühle genommen und unter währendem Mahlen darauf gespielet"; oder dem Vater Mathias Haydn, der ein Wagner, doch „von Natur aus ein grosser Liebhaber der Musik war". Philipp Wolf, der sich auf der Violine gut auskannte und auch auf der Guitarre Bescheid wusste, hatte schon als Geselle in der Werkstätte manches Freikonzert gegeben — unter einer Tierhaut versteckt ruhten tagsüber seine Instrumente — und als Meister und Hausvater kam er abends, oft noch den gelben Lederschurz vorgebunden und die Hemdärmel aufgestreift, ins Wohnzimmer hinauf, um zu musizieren, setzte sich auch gern ans Klavier — denn er war auf diesem Instrument ebenfalls bewandert — und spielte den Seinen, die stummbewegt im Kreise mit zuhörten, ein schönes Opernstück vor, und aus dem Feierabend wurde eine Abendfeier.

So ist der Vater auch der erste Musiklehrer des Sohnes geworden und er trug sein ganzes Empfinden in die Furchen der jungen empfänglichen Seele. Hugo war kein Durchschnittskind. Viele Leute sagten von ihm aus, dass er als Knabe nie mit seinesgleichen rechten Umgang haben wollte, dass er sich eher abschloss, als dass er zum Spielen sprang und sein Ohr an die Reden der „Grossen", vor allem aber an die Geige des Vaters heftete; da glänzte sein helles Gesicht. Bald lernte er die ersten Striche auf der Violine, die ersten Griffe auf dem Klavier, und wenn auch mancher Fiedelbogen an des Kleinen Figur entzweisprang, bis alles recht geriet — denn Vater Philipp war eher Meister auf der Geige, als Meister der Geduld — die natürliche Begabung führte den Knaben über steile Anfänge bald bergan, und sein Talent wurde im Orte schnell bekannt.

Der kleine Hugo konnte auf den verdeckten Klaviertasten gehörig spielen, auch Intervalle und Accorde erriet er, die man hinter seinem Rücken anschlug, denn er war feinhörig und feinfühlig. Wie fein Hugo Wolfs Gehirn für die Tonempfindung organisiert war, sahen seine Freunde später oft genug, wenn er etwa die Klaviere, auf denen er spielen sollte, vorher lieber eigenhändig nachstimmte. Ja, einmal, als das Instrument seines lieben Eckstein um einen halben Ton zu tief stand und das Nachstimmen nicht anging, transponierte er flugs das ganze Stück in die Höhe, so dass das begleitende Harmonium bequem mitgehen konnte.

Bei solcher Begabung war er im Hausorchester, das Vater Wolf gegründet hatte, eine geschätzte Kraft. Mit grossem Ernst wurde da gegeigt — wehe dem, der zur Tür herein störte — Vater sass am Prim-, Hugo am Sekundpult, Lehrer Weixler strich die Bratsche, Bruder Max das Violoncell, Onkel Ruess blies das Horn, auch sonst gesellten sich noch einige Instrumente herzu und man vergnügte sich nach Herzenslust.

Der grosse Tag blieb nicht aus, an dem die Herren vom Hausorchester sich vor der Öffentlichkeit mussten hören lassen. Es war auf einem Kostümball im Kasino, auf dem Hugo Wolf sein erstes Musikerdebut feierte, und Mutter und Schwester hatten ihn dazu aufs Feinste ausstaffiert. Er kam im Mozartkostüm: blassblaue Seidenhöschen, Schnallenschuhe, Gilet mit Jabot, schwarzes Samtröckchen, und sah aus wie der kleine Mozart.

Als Hugo acht Jahre alt war, sah er zum erstenmal das Theater. Schwester Modesta besuchte in Klagenfurt den „Industriekurs", eine Handarbeitsschule, und zur Belohnung und Belebung des Fleisses durfte der kleine Bruder einen Ausflug zu ihr, in die kärntnerische Hauptstadt machen. Man gab Donizettis „Belisar". Es war ein kleines Provinztheater, aber für Hugo ein Märchen. Seine Seele horchte auf. Ganz still sass er und schaute starr auf die Bühne. Er schien verloren und antwortete nicht, wenn man ihn fragte. Zu Hause aber tastete sich der mächtige Eindruck wieder hervor, und Hugo spielte lange Stellen aus „Belisar" auswendig nach.

Den Vater löste im Unterricht der Lehrer Seb. Weixler ab, und diesem Musikus verdankte Hugo manche Fertigkeit auf dem Klavier. Zu einer brillanten Virtuosentechnik hat es Wolf freilich nie gebracht, aber wir werden später zugegen sein, wenn dieser dämonische Pianist die Zuhörer berauscht oder erschreckt, und wir werden vergebens nach dem Lehrer und nach der Schule gesucht haben, in der er seine königliche Macht über das Klavier erlernte.

Vorab, im Jahre 1865/66, begleiten wir den kleinen Hugo noch auf seinem ersten Weg in die Schule und begleiten ihn in die „Taferlklasse" der Volksschule von Windisch-Graz. Er lernte leicht und rasch, und die Schule war ihm nicht, wie sonst wohl die erste Bekanntschaft mit der Sorge, denn er hatte einen hellen Kopf und brachte in „Sitten, Fleiss und Fortschritt" stets gute Zeugnisse nach Haus. Es wird die Eltern gefreut haben, die mit aller Liebe an dem Knaben hingen, mit einer Zärtlichkeit, die durch die vielfache Begabung des Kindes noch frischen Zufluss erhielt, und, was den Vater anlangt, vielleicht ins Überzärtliche übergelaufen sein mag, eine Liebe und Zärtlichkeit, die der Sohn aber aus seinem ganzen Herzensreichtum wiedervergalt. Hat er später doch die ersten Sachen, die er schrieb, den Eltern zugeeignet. So trägt die Partitur der drei Goetheschen Lieder,*) die er schon 1876 für Männerchor setzte, auf dem Titelblatt die sorgsam mit knabenhaft steifen Buchstaben ausgeführte Aufschrift: „Dem Herrn Philipp Wolf ehrfurchtsvoll gewidmet von Hugo Wolf, op. 13". Dem „Herrn Philipp Wolf" schrieb er feierlich aufblickend, statt des vertraulicheren „Meinem Vater". Und der tiefste Schmerz quoll aus der Wunde, die ihm der Tod des Vaters schlug. Philipp Wolf starb am 9. Mai 1887, und wie einen Kranz von Immertellen für das Grab weiht der Sohn „dem Andenken meines teuren Vaters" seine ersten sechs Lieder, die 1887 erschienen. Er wendet sich an die zurückgebliebene Mutter,**) und ihr widmet er die sechs Lieder für eine Frauenstimme, die im selben Jahre erschienen. „Meiner lieben Mutter" steht einfach auf dem Titelblatt. Man mag aus dem verschiedenen Klang dieser Widmungen die Töne einer besonderen Vater- und einer besonderen Mutterliebe hören, aber der mächtige Grundton einer beide Eltern umfassenden Sohnesliebe wird uns noch oft aus Wolfs Leben entgegenklingen und ist aus poesievollen Briefen zu hören, die er aus der Fremde nach Hause schrieb

So sass er im traulichen Nest der Heimat. In der deutschslavischen Gegend, in der er als Knabe aufwuchs — Wolf spielte

---

*) „Im Sommer", „Mailied" und „Geistesgruss".
**) Die betagte Frau lebt gegenwärtig noch in Windischgraz.

übrigens später öfter mit dem Gedanken einer möglicherweise romanischen Abkunft — hatte die Natur ihre schönste Scene aufgerichtet. Dort lernte er schauen, und die Bilder des klaren Mondes, die Worte des Windes, das Rauschen der Wälder nahm er im Schrein seines Herzens mit in die Fremde, wo sie in seine Lieder flossen. Auch der Poet regt sich schon im Knaben und sein literarisches Interesse verraten manche kleine Spottverse, die er an die Hausgenossen oder Respektspersonen des Städtchens heftete. Blättern wir aber in der Chronik der jungen Tage Hugo Wolfs zurück, so finden wir, dass er zwar nicht ohne Musik, nicht aber für die Musik erzogen wurde. Im Vaterhause war die Tonkunst eine gute Gesellschafterin, eine Zeitvertreiberin, mit der man gerne auf gutem Fusse stand, der man aber doch nur so weit zugetan war, als sie Angenehmes zu vergeben hatte. Die harten Seiten ihrer Praxis scheute man, und jene instinktive Abneigung des bürgerlichen Gewerbsmannes gegen die Unsicherheit und „Brotlosigkeit" des künstlerischen Berufes, eine Abneigung, die ebenso bekannt als häufig ist und ihren letzten Grund in dem uralten Widerwillen des Sesshaften gegen den Fahrenden haben mag, teilte auch Vater Wolf, und es kostete dem Sohne schwere Kämpfe, als er, wir werden es ja sehen, Musiker zu werden beschloss.

So kam er an das Reich der Tonkunst von der heiteren Seite des Vergnügens heran, nicht auf dem rauhen Weg der Pflicht. Opernpotpourris und Salonorchester führten ihn ein. Wie ganz anders etwa Carl Loewe, der Sohn des Kirchenkantors, der neben seinem Vater an der Orgel stand, und das musikalische A-BC aus den alten Choralbüchern lernte. So sagt denn Loewe auch in seiner Selbstbiographie mit Bedeutung: „Wie oft wurden diese ernsten Melodien (sc. des Chorales) an mir vorübergeführt. Wohl kann ich sagen, dass ich der einfachen Schönheit dieser alten Musik gar vieles verdanke, wie auf dem Fundament des Chorales überhaupt sich jedes wirklich musikalische Talent glücklich entfalten wird."

In Wolfs Biographie lässt sich dieses Wort nicht wiederholen. Sieht man seine allerersten Instrumentalversuche durch, so findet man vom Schnörkelzeug und dem flachen Figurenwerk der Salonmusik Vieles reproduziert. In diesem Genre fing er zu schreiben an; sein Ohr und seine Finger dachten in diesem Genre. Da ist unter den zahlreichen Knabenarbeiten auch ein Konzert für Violine und Klavier, aus dem Jahre 1877, vorhanden; es steht in d-moll mit folgendem „Hauptthema":

Die Klavierbegleitung dazu, anfangs in Sechzehntelschlägen, schwelgt später geradezu in Skalen- und Passagenwerk à la Th. Östen, oder irgend eines beliebten Potpourri-Erzeugers. Hugo Wolfs Kunst entfaltete sich also gewiss nicht auf dem Fundament des Chorales; und es ist ein psychologisches Wunder, dass er kurz nach „Werken" und neben „Werken", wie diesem d-moll-Konzert, Lieder schaffen konnte, die er selbst der Aufnahme in seine ersten Hefte würdigte. So ist der „Morgentau" schon 1877, die „Spinnerin" 1878, das „Vöglein" im selben Jahre entstanden, auch das reizende „Mausfallensprüchlein", ein ganz „reifer Wolf", gehört der frühesten Zeit an und so hat sich sein Genius — fast möchte man sagen — gegen die erste musikalische Erziehung durchgesetzt. Und ich beschliesse dieses einleitende Kapitel nicht gern, ohne noch einer originellen musikalischen Fähigkeit Wolfs zu gedenken, die er in der Heimat gewann: er spielte die — Maultrommel, aber so primitiv das Instrument auch sein mag, so entzückend und so köstlich klang es von Wolfs Lippen.

HUGO WOLFS GEBURTSHAUS IN WINDISCHGRAZ

Die Ziffern 1, 2, 3 bezeichnen die Zimmer, in denen Wolf zu musizieren pflegte ○ ○

II. Kapitel.
Aus den Lehrjahren.

Die einzige Schule, die Hugo Wolf wirklich absolviert hat, war die Volksschule in Windischgraz.*) Er hat zwar noch auf mancherlei Schulbänken herumgesessen und mancherlei Magister angehört, doch ohne den gewöhnlichen Nutzen und ohne je ein „Abgangszeugnis" zu erwerben. Das Talent zum Vorzugsschüler besass er nicht. Er ist als origineller, künstlerischer und männlicher Charakter, als Persönlichkeit mit weitverzweigten geistigen Interessen vom Leben grossgezogen worden; ein echter Eleve des Lebens konnte er nur in dessen Freiheiten und unter dessen Grobheiten die Summe seiner Bildung sammeln und seine brave, lautere und reiche Natur entfalten; und so weit hat er es in dieser Schule gebracht, dass selbst Johannes Brahms — nach einer Mitteilung R. Heubergers — Hugo Wolf einmal das Zeugnis ausstellen musste: „Ein geistreicher, gebildeter Kerl!" Als Hugo zehn Jahre alt war, machte sein Lebensweg die erste scharfe Biegung: er führte ihn aus dem warmen Nest des Vaterhauses fort — in die Fremde. Der Vater brachte den Kleinen im September 1870 nach Graz, der Hauptstadt Steiermarks; hier bestand Hugo die Aufnahmeprüfung und trat in die erste Klasse des Gymnasiums — es ist das heutige zweite Staatsgymnasium in der Lichtenfelsgasse — ein. Mit seinem älteren Bruder Max, der jetzt Kaufmann in Leoben ist, wohnte er als „Koststudent", wie man in Graz sagt, bei der Familie C. in der Wielandgasse. Sein damaliger Klassenvorstand, der Schulrat Georg Kaas erinnert sich des Hugo Wolf von 1870 noch sehr lebendig: „Er schwebt mir vor als ein Bürschchen mit mehr kleiner, untersetzter Statur, vollen Wangen und blonden Haaren. Mir fiel sein ernstes Wesen auf. Seine

---

*) Er besuchte die Volksschule von 1865—1869.

Sprache war weich und gezogen, mit slovenischem Anklang, den sich auch die Kinder deutscher Eltern im slovenischen Sprachgebiete anzueignen pflegen."

War es mangelhafte Vorbildung, die er mitgebracht hatte, denn die Pfarrhauptschule in Windisch-Graz besass damals nur vier Klassen und die Unterrichtssprache war*) nur zum Teil deutsch, oder fehlte sonst die rechte Lust für die Sache, kurz: Hugo „versagte vollständig". Er brachte an diesem Gymnasium nur ein Semester zu, und verliess die Anstalt, wie der Hauptkatalog annoch zeigt, mit der dritten Fortgangsklasse, einem schweren „Ganz ungenügend". Das war schlimm. Besser allerdings waren die Fortgangsklassen, die Hugo Wolf als Geigen- und Klavierschüler erwirkte. Der Vater, der zwar die Söhne vor allem studieren lassen wollte, und das akademische Studium voranstellte, wollte ihnen doch auch eine geordnete musikalische Erziehung nicht versagen, und liess Hugo wie Max, dass zum Ernst sich das Vergnügen fände, Musikunterricht erteilen. So wanderten die Brüder denn einträchtig, die Fiedel unterm Arm, zu Meister Ferd. Casper, der in der Schule des Steiermärkischen Musikvereins den Geigenkursus hielt, und sie sollen im alten Schullokale in der Burggasse „fest Duetten gegeigt" haben. Wie lange die brüderlichen Violinduette gedauert haben, lässt sich nicht sagen, denn es dürften über diese kurze Schulzeit kaum Zeugnisse ausgestellt worden sein, und Casper sieht unter den Gesichtern seiner zahlreichen Schüler die Knabenzüge Hugo Wolfs nur noch dunkel vor seinem Gedächtnis schweben. Doch entdeckte ich eines Tages bei dem alten Johann Buwa, der noch heute seine Klavierschule in Graz leitet, einen verstaubten Katalog, der mir zu einem historischen Dokument wurde, als ich darin den Namen Hugo Wolf in die Rubriken eingetragen fand. Der alte bescheidene Mann, bei dem so manche Berühmtheit, wie Herzogenberg, Heuberger, Kienzl, die C-dur-Skala gespielt hat, war ganz erschrocken, als er nun auch der Lehrer des grossen Liederkomponisten gewesen sein sollte. Aber richtig — er hatte ihn selbst am 30. September 1870 unter die „Vorgeschritteneren" eingereiht, und als einzige Censur die Bemerkung an den Rand des Katalogs

---

*) So teilte Schulrat Kaas dem Verfasser mit.

geschrieben: „Skalenspiel recht gut." Da half denn nichts. Allerdings, der junge Wolf war am 12. November 1870 schon wieder — aus unbekannten Gründen — aus der Buwaschen Anstalt davongegangen, aber den kleinen Klaviermeister mit den glattgestrichenen weissen Locken hat das sehr gefreut, dass er Hugo Wolf einige Wochen unterrichtet hatte.

Ein Semester mag der junge Primaner pausiert, und den Sommer 1871 im Vaterhause zugebracht haben. Im nächsten Herbst aber wurde auf Betreiben des nicht entmutigten Vaters die Fahrt nach Bildung, die mit einem Unfall schon begonnen, fortgesetzt, und ihre nächste Station hiess: St. Paul im Lavanttale.

Wenn man auf der Kärntnerbahn ankommt, und in die Haltestelle einbiegt, steigt mit einemmale der mächtige breite Bau des Stiftes St. Paul in die Höhe. Wie ein Eroberer hat es dort den Fuss auf den grünen Hügel gesetzt. Vor mehr als neun Jahrhunderten — 1091 — haben die Benediktiner dies Haus aufgebaut, und seine mächtige, zurückgebogene Front mit der reizenden Unsymmetrie der Fensteröffnungen zeigt den frühzeitigen Baustil an. Es war ein guter Einfall Vater Philipps, den Kleinen ins Konviktgymnasium zu bringen, denn so gut hat es dieser nicht wieder gehabt, als bei den freundlichen, fleissigen und gelehrten Benediktinern. Wenn Hugo von den Büchern aufsah, dann lag vor den Fenstern draussen das weite Lavanttal, Kärntens Paradies, bunt, ruhig und sonnig im Lande, und an der Seite stand wie ein riesiger Wächter die dunkle Koralpe. Und zwischen den uralten Steinportalen spielten die Märchen der Geschichte, in den hallenden Bogengängen sass die Romantik und wob ihre Fäden. Geräumig laufen die offenen Gänge hin, an den Wänden hängen gross die Bilder der Äbte und Stiftsregenten, manch ernstes und streitbares Gesicht darunter, und die feierlichen Gestalten haben die Rechte auf Bücher gelegt, die lateinischen Legenden zeigen ihre Taten an; besonders aber ein Antlitz hält den Besucher an: das des Abbas Martinus Gerbertus,*) den die Klostergeschichte als

---

*) Martin Gerbert, Frhr. von Hornau, geb. 1720 zu Horb am Neckar, gest. 13. Mai 1793 als Fürstabt von Sanct Blasien. (Nach seinem Tode flüchteten die Benedictiner vor den Franzosen aus St. Blasien im Schwarzwalde nach St. Paul in Kärnten). Von Gerberts fleissigen und tüchtigen musikalischen Arbeiten sind die wichtigsten: De cantu et musica sacra (2 Bde. 1774) und scriptores ecclesiastici de musica sacra postissimum (3 Bde. 1784.)

defensorem eruditissimum et intrepridum contra pseudophilosophos preist, und den die Musikgeschichte als gründlichen Kenner und verdienstvollen Sammler mittelalterlicher Musik-Traktate verehrt. Und unten in der hochbogigen Kirche liegen Herrscher Österreichs begraben: vierzehn Habsburger, unter ihnen Rudolfs des Ersten Gemahlin und der glorreiche Leopold, der bei Sempach fiel, ruhen in der geheimnisvollen Gruft ... All' diese wunderbaren Dinge sprachen tief in die Seele des Knaben hinein.

Der Vater hatte bald einen Platz für den Sohn erwirkt, und Hugo trat im September 1871 in die erste Gymnasialklasse ein, um noch einmal mensa mensae und hortus horti zu deklinieren. Als ich im Sommer 1902 das Stift besuchte, lernte ich noch den hochwürdigen Herrn kennen, der vor mehr als 30 Jahren Hugos Studienpräfekt gewesen war, und P. Sales Pirc, ein biederer würdiger Weisskopf, der gute Typus des österreichischen katholischen Geistlichen, fragte zurück, als ich ihn um seinen Schüler frug: „Ja, ist er denn wirklich ein so grosser berühmter Mann geworden? Ist der Hugo Wolf, von dem die Zeitungen alleweil schreiben, wirklich unser kleiner, lieber Hugo? Lang' hab ich nichts mehr von ihm gehört. Aber damals, wie er zu uns gekommen ist, war er ein biederer, frischer Bursch. Und beliebt bei den Kameraden. Und ein Musikus! Wie oft hat er mir mit seinem lieben Klavierspiel die Grillen vertrieben. Ja, der war nur für die Musik. Sonst, fürs Studium hat er nie einen rechten Löffel gehabt, höchstens Geschichte, dass sie ihn interessiert hat." Und nun führte mich P. Sales zu den Klassenbüchern aus jener Zeit. Viele tote, wertlose Namen untereinander in den Registern. Auf einmal, zwischen Vor- und Zunamen blühte der eine Name Hugo Wolf auf. Wir gingen die Klassifikationen durch. Im ersten Semester 1871/72, da Hugo noch Repetent war, ging's ihm leicht: er hatte fast lauter „Lobenswert", war zwar nur „hinreichend" fleissig befunden worden, in Deutsch und Mathematik hatte er es bloss auf „Genügend" gebracht, aber unter Zwölfen war er immerhin der Sechste. Auch im zweiten Semester ging's ihm noch gut, und er stieg in die Sekunda auf. 1872/73 kam er bereits zur Lektüre des Cornelius Nepos, da aber rang sich sein ein Jahr lang zurückgehaltenes Talent zum Durchfallen wieder durch. Die „Genügend" bevölkerten die Zeugnisse immer dichter, die „Lobenswert" starben aus, und am Schlusse des Jahres stand auf einmal ein „Nichtgenügend" im Lateinischen dort — niemand weiss wieso — die „Nachprüfung" war nicht mehr zu vermeiden. Zwar kam Hugo über diese „Eselsbrücke" glücklich hinüber und hätte im nächsten Jahre die Tertia mitmachen dürfen; aber, wie es schien, hatte er auf fröhliche Aussichten wenig zu rechnen, zumal ein gar strenger Professor im Latein zu befürchten stand, und so riet denn P. Sales dem Vater, es doch wo anders mit dem guten Musikanten und schwachen Studenten — zu dessen eigenem Heil — zu versuchen, der Vater folgte dem wohlgemeinten Rat, und Präfekt und Zögling trennten sich auf Nimmerwiedersehen: zum letztenmale im Leben hatte der alte dem jungen Freund die Hand auf die Schulter gelegt. Die beiden waren, trotzdem der kleine dem grossen Freund nur bis an die Hüfte reichte, einander aufrichtig zugetan. Sie waren es, obwohl Hugo in der ersten Zeit gegen seinen Präfekten im Herzen manchen Sklavenaufstand inscenierte und sich über die Professoren samt und sonders als furchtbar verderbte Menschen nach Hause beklagte. Edmund Hellmer hat in der Deutschen Zeitung einen Beschwerdebrief Hugos mitgeteilt, eine Epistel, die die Seele des Schulknaben mit ihren kleinen Manöverplänen in tyrannos wie ein Spiegel zurückgiebt. Erst zieht er gegen die Lehrer los; ganz fürchterlich und grimmig. Dann aber „bricht sich die Wahrheitsliebe, die den kleinen, wie den grossen Menschen Wolf ausgezeichnet hat, siegreiche Bahn". Er giebt zu, dass er schlechte lateinische Kompositionen gemacht habe, nicht ohne jedoch die Belobung, die ihm der Inspektor in „Geschichte" erteilt hat, den Eltern dicht vor die Augen zu halten. Dass der Präfekt wieder einmal in einer Eingabe an die Eltern — der milde Pädagoge wusste keinen anderen Rat — über sein Benehmen geklagt, ihn „stolz, trotzig, eigensinnig u. s. w." genannt habe, kann er gar nicht begreifen. „Geben Sie ihm keine Antwort, heisst es am Schluss, weil er Ihnen schrieb, warum Sie Dienstag nicht gekommen sind. Ich bitte, sagen Sie ihm — schreibt der kleine Konspirator — dass der Schimmel krumm war, nicht, dass ich geschrieben hätte, dass Sie wegen Präfekten, welcher auf mich sehr zornig war, nicht gekommen sind."

Der Präfekt war gar nicht so zornig auf Hugo, als dieser wohl annahm. Er sah nur in die Lichter und die Schatten der jungen Seele, und namentlich die Lichter hat er sich gemerkt: sie verklärten ihm noch nach dreissig Jahren das Andenken an den Knaben, und P. Sales erzählte von ihm nur Gutes, erzählte, wie lieb Hugo die Eltern hatte und wie stark sein sittliches Empfinden, namentlich sein Solidaritätsgefühl gewesen sei, habe er doch in kollegialer Treue die Strafe für einen Kameraden übernommen, und sei treu genug gewesen, selbst die Karenz vom gedeckten Speisetisch zu ertragen. Einen Platz am Herzen des Präfekten hat Hugo sich aber warm gehalten durch seine Musik. Trotzdem er im Gymnasium langsam nach abwärts rutschte — im „Gesang" stieg er nach aufwärts und behielt in den beiden letzten Semestern die Note Vorzüglich; und merkwürdig gross erschien dem Präfekten die Gewandtheit Hugos auf dem Klaviere, und er gab an, dass sein Schüler auch das „Orgelschlagen" nicht übel verstand, denn zur „Studentenmesse" an Wochentagen musste er sich gewöhnlich auf die Orgelbank setzen und in der Kirche spielen Übrigens hat der junge Wolf in St. Paul ganze Stösse von Noten verschlungen — Opernpotpourris — die P. Sales ad delectandam animam von Graz her hatte kommen lassen. Man spielte Bellini, Rossini, Donizetti, Gounod in gebräuchlichen Arrangements, Hugo sass natürlich am Klavier, der Kollege Ernst Gassmeyer am Violinpult, Sekretär Denk gesellte sich hinzu, und manchmal auch — wer sollte es nicht glauben? — Vater Philipp Wolf höchstpersönlich. Kam der nämlich von Windisch-Graz herauf, um seine Häute in der Frühe auf dem Jahrmarkt loszuschlagen, konnte er nachmittags nicht so trocken wieder von St. Paul abziehen. Er musste da ins Stift — nach der Arbeit das Vergnügen — und der heimliche unverbesserliche Musikus fiedelte mit seinem Sohne und dem Gassmeyer Terzetten, dass es eine Art hatte. Mit stiller Rührung erzählte es P. Sales.

 Nun, das nahm sein Ende, denn im lieblichen Lavanttale ging es, wie wir sahen, in der Hauptsache, im Latein, nicht vorwärts, und so kam der Abschied.

 Im Herbst 1873 war der jüngere Bruder Gilbert reif fürs Gymnasium geworden, und da die ältere Schwester Modesta ihren „Industriekurs" in Marburg an der Drau absolvieren sollte, schickte der Vater die beiden Knaben Hugo und Gilbert in dieses, zwei Eisenbahnstunden von Graz, bereits im hügeligen Unterlande gelegene Städtchen und Hugo trat in die Tertia des Marburger Gymnasiums ein.

Er brachte sich anfangs leidlich fort: im ersten Semester fiel er zwar wieder durch, aber im zweiten Semester der Tertia glückte es ihm mit der ersten Fortgangsklasse und er konnte im Jahre 1874 in die Quarta aufsteigen. Diese aber war die höchste Gymnasialklasse, die er erreichte, und hiermit stand er auf einem Punkt, von dem aus er wie auf einer schiefen Ebene, durch zwei Semester hinabglitt. Beidemale erhielt er die dritte Fortgangsklasse — das „Ganz ungenügend," mit dem er seine Laufbahn begonnen hatte, schloss sie auch ab — das war kein „Fortgang" mehr, es wurde sein Abgang. Der geschah 1875. Nach diesem dritten Unfall schien den beiden in Betracht kommenden Teilen, dem Sohne mehr als dem Vater, der Weg der Mittelschule offenbar nicht recht ratsam, auf dessen Geleisen Hugo wie ein schwerer Packwagen stand und nicht vom Flecke rückte.

Wer weiss, was Vater Wolf im Sinne hatte, und ob er nicht doch noch einen Versuch mit dem Studierenlassen gewagt hätte, wenn nicht der Sohn alle geraden Linien bürgerlicher Pläne mit einemmale scharf durchkreuzt hätte. Er war gewiss kein verspielter oder ausgelassener Junge. Ganz im Gegenteile. Ein Hauch deutscher Verträumtheit lag schon früh über seinem Wesen, so jung er war, so gerne suchte er sich selbst im Quartier seines Innersten auf und hielt da Nachschau, und der Hang zur Abgeschlossenheit, den man an dem Kinde bereits beobachtet hatte, trat in den Gymnasialjahren noch stärker hervor. So teilte mir einer seiner ehemaligen Marburger Kollegen[*] mit, dass Hugo „sich nicht leicht an einen anschloss und ausserhalb der Schule mit den Mitschülern nicht viel verkehrte". Aber derselbe Kollege meinte auch, dass Hugo Wolf mit 14 Jahren „ein vorzüglicher Klavierspieler" war, der „mit Begeisterung von Mozart, Beethoven und anderen Komponisten" sprach, dass er vor allem ein grosser Verehrer Beethovens gewesen zu sein scheint, dessen Symphonieen er gerne spielte, und von dessen Taubheit er viel erzählte. Im Herzen des Gymnasiasten brannte die Musik wie

---

[*] Der Staatsanwalt-Substitut Dr. Roschanz.

das Feuer einer heimlichen Liebe — darin glich er ganz dem Vater — und was den jungen Beethovenanbeter erfüllte und bewegte, lag freilich seitab vom Stundenplane der Quarta. Er wollte Musiker werden. Und das war nicht Knabenphantasie, die nach Afrika auswandert, Armeen kommandiert, oder sonst was Glorioses möchte: es war die Sehnsucht eines festen, klaren Willens. Hugo fühlte, dass er zum Lehrling der Wissenschaften nicht tauge; Musiker werden ist ihm eine Hoffnung, ein Erlösungsgedanke, und in einem stürmischen Brief an seinen Vater — aus den letzten Marburger Gymnasialzeiten — schüttete er sein volles Herz aus und spricht von dem „Ereignis", das seinen Austritt aus der Schule zur Folge haben muss. Er erzählt mit glühenden Wangen von Hummels Missa solemnis mit ihren „prachtvollen Fugen", die auf dem Chore der Stadtkirche aufgeführt wurde, wobei er die erste Geige mitspielte, und worüber er Schulgottesdienst und Exhorte total vergessen habe. Dessentwegen habe er nun mit dem Religionslehrer und dem Direktor einen Auftritt gehabt, aber eben dieser Auftritt habe ihm auch die Erkenntnis gebracht, dass er für die Schule nicht tauge; er müsse austreten und wollte sich gänzlich der Musik zuwenden, die keine anderen Götter neben sich dulde.

Das war ein offener Frontangriff auf die Absichten des Vaters und es blieb nicht der einzige. Der Vater wehrte zuerst ab und deckte sich hinter dem Schilde der Erfahrung und Lebensklugheit. Aber vielleicht lächelte er im geheimen Stolz, fühlte er doch, wie im Sohne sein eigenes Blut sich rege, sich etwas hervordränge, das sich auch in ihm einst — umsonst — hervorgedrängt hatte, und dass nun sein bestes Selbst sich da wiederhole. Er schlägt freilich erst zurück, er nennt den Musikus ein „verächtliches Individuum", und wartet ab, wie der Pfeil wirke. Hugo, erst feurig losgehend, weicht fast zurück: „Ich habe die Musik so innig geliebt! Mir ist sie wie Essen und Trinken. Da Sie aber durchaus nicht wollen, dass ich ein Musikus — nicht, wie Sie der Meinung sind, ein Musikant — werde, so will ich gehorchen. Gott gebe nur, dass Ihnen die Augen dann nicht aufgehen werden, wenn es schon zu spät für mich zum Umkehren zur Musik sein wird." Verzweiflungen schütteln ihn wie ein Fieber. Gut, er will sich trotz der „Beweise seines Talentes"

STRASSE IN WINDISCHGRAZ MIT
HUGO WOLFS GEBURTSHAUS (→)

einer Profession widmen; man könne auch „bei einem Geschäfte" glücklich und zufrieden leben. Aber das ist nur eine Augenblickskonzession. Denn auf dem Boden der Seele dieses jungen Menschen lag ein Trieb, der erst harmlos spielte, dann aber zum Willen anwuchs, zum Trotz anschwoll und schliesslich alles niederwarf, wie ein wildes Wasser.

So begeht der liebende Sohn die erste grosse Ungehorsamkeit, weil er sich selbst gehorsam war, und er kämpft um die Erhaltung seines Ichs denselben Kampf, den einst Hector Berlioz und so viele andere kämpften, heiss und stürmisch — und er bleibt Sieger.

Er wollte Musiker werden, und er wurde es, weil er es war. Um das Werden machte er sich keine Sorge; das stellte er sich vielleicht gar nicht genau vor. Er sah das Ziel, nicht den Weg mit seinen Gruben und Löchern, und das war ihm genug. Fühlen und Handeln waren ihm eins. Er kannte sich, denn die Augen des Fünfzehnjährigen waren hellsichtig und scharf und er folgte unbedingt dem Wink seiner Natur. Was hätte ihn auch halten können? Der Knabe ist der Mann; und was zusammengefaltet in der Brust des Kindes liegt, liegt entfaltet in der Brust des Mannes. Erziehung kann die Organisation eines Menschen nicht abändern, der Gärtner von der Weinrebe nicht Kartoffeln verlangen.

Hugo hätte genug Talent zum Studium besessen, aber — er soll gar nicht entschuldigt werden — damals hatte er wahrscheinlich nicht das Talent zum Fleiss: die zweite Hälfte der Begabung. So stand er auf einer gefährlichen Grenze. Entweder wäre er ein Professionist geworden, dem die Halbbildung das Leben schwer gemacht hätte: ein verunglückter Gymnasiast und ein unglücklicher Kaufmann, widerwillig hinter seinen Fakturen und Waren, ein Bankerotteur des Lebens, oder er wäre — dieses „Oder" wurde eben sein Weg. Er schüttelte unbedenklich alles ab, was er nicht tragen konnte, und ging die zweite Biegung seines Lebensweges hinab, frei und leicht, und fuhr mit Einwilligung des Vaters nach Wien — ans Konservatorium.

1875 trat er in diese hohe Schule für die Tonkunst ein. Harmonielehre wurde sein Hauptfach. Sein Professor war der — jetzt schon verstorbene — Franz Krenn, der „alte Krenn", wie man ihn später nannte, weil er niemals recht jung gewesen zu sein schien. Ein echter Musiker vom früheren Schlag, tüchtig, einsilbig und trocken, der die Regeln ehrfurchtsvoll hütete, wie ein Kustode die anvertrauten Glaskästen. Besser traf es Hugo in der Klavierklasse. Da nahm ihn Professor Wilhelm Schenner, der heute noch Pianisten erzieht, eine echte, feinempfindende Künstlernatur und ein grundgütiger Charakter, in die Lehre. Und im Klavierspiel, das allerdings nur sein „Nebenfach" war, erhielt Hugo Wolf im ersten Jahre auch den ersten Grad. Er wird freilich als Klavierspieler mehr Fertigkeiten mitgebracht haben, denn als Harmonieschüler. Die drei Goetheschen Männerchöre, deren ich oben erwähnte, namentlich aber der erste, der „Geistesgruss", anscheinend noch im Vaterhause komponiert,*) verraten ja einen etwas wildwüchsigen Satz. Der junge Komponist weiss wenig von den Gesetzen der Tabulatur und löst die Septime nach oben auf, schreibt schreckhafte Quintenparallelen, schliesst einmal wider aller Regeln Gebot den Satz auf einem Quartsextakkord, nicht aber ohne doch an einigen charakteristischen Griffen die Löwenklaue anzuzeigen. Nun wird er bei Franz Krenn die „richtige Satzweis'" bald erlernt haben, wie es ihm aber im einzelnen bei diesem Lehrer erging, wie er sich mit ihm vertrug und wie weit er's im „Komponierenlernen" bei ihm gebracht hat, das ist leider genau nicht anzugeben.**) Es ist zu vermuten, dass Wolf mit seinem Lehrer nicht ganz zufrieden war, und dass seine unbändige Natur manchmal gegen die trockene Schule und ihren Zwang demonstrierte. Zwei Jahre lief der kleine Theorieschüler

---

*) In dem vom Hugo Wolf-Vereine in Wien herausgegebenen Verzeichnis des Nachlasses des Meisters sind diese Chöre in das Jahr 1876 gestellt. Mehrere Anzeichen lassen darauf schliessen, dass sie schon 1875 entstanden sind. Auf einem von Wolf selbst herrührenden Notenblatt (Partitur-Anfang) findet sich ein Vermerk, demzufolge die Chöre — wahrscheinlich für den Hausgebrauch geschrieben — im Dezember 1876 in Hetzendorf bei Wien „umgearbeitet" wurden, oder werden sollten. „Geistesgruss" ist im Heft 3 der „Festblätter zum 6. deutschen Sängerbundesfest" (Graz, Leykam) zum ersten Male abgedruckt worden.

**) Eine Anfrage ergab folgendes Resultat: Die Matrikel „Hugo Wolf" war unter den Schulakten des Konservatoriums der Gesellschaft der Musikfreunde in Wien leider nicht mehr auffindbar. Doch stellte ein höherer Anstaltsbeamter

im weitläufigen Gebäude der Gesellschaft der Musikfreunde — dem Wienfluss und der romantischen Karlskirche gegenüber — aus und ein, und wenn er seine Harmonie-Aufgaben zum Korrigieren „hinauf"-trug, mag er oft an jener Wand vorbeigestrichen sein, an die man die steinernen Standbilder der grossen Klassiker und Romantiker hingestellt hat, die Repräsentanten der Tonkunst. Nur zwei Jahre war dort seines Bleibens; welche Vorfälle es im Einzelnen waren, die der Laufbahn des Konservatoristen ein so schnelles Ende bereiteten, ist nicht näher bekannt geworden. Doch darf man mit Fug annehmen, dass Hugo Wolf der Allerfügsamste nicht gewesen, und mit den Hausgesetzen des Institutes in gröbere Konflikte gekommen ist, denn den Schluss seiner Zeugnisse bilden die drei bösen Worte: „Wegen Disziplinarvergehen entlassen." Es war das Ende vom Lied.

In die Geschichte dieser Entlassung spielt noch ein Vorfall hinein, der ebenso oft als verschieden erzählt wird, und der ein weniger bedeutsames als komisches Intermezzo ist.

Das Konservatorium hatte damals zum Direktor Josef Hellmesberger (1828—1893), einen klassischen Geiger und klassischen Kauseur, einen Musiker comme il faut und einen Wiener comme il faut, einen Künstler, dessen Quartettspiel ebenso berühmt war, wie die Legion von Bonmots, die sich die Stadt von ihm erzählte, oder die sie ihm andichtete. Der weltmännische Hellmesberger, ein Typus im damaligen Wiener Musikleben, war so ziemlich das Widerspiel des rauhen kleinen Musikers aus der steirischen Bergstadt und beide wurden in folgenden Handel verwickelt. Eines Tages erhielt der Direktor einen aprokryphen Brief ungefähr des Inhaltes: „Sie haben nur noch einmal Weihnachten zu feiern, dann ist Ihr Ende gekommen." Unterschrift: Hugo Wolf. Es war ein Spass, den sich irgend ein

in dankenswerter Weise aus den damals allerdings nicht zuverlässig redigierten Jahresberichten nachstehende Zeugnisse zusammen:
    1875/76. Wolf Hugo aus Windisch-Grätz, 15 Jahre.
    Harmonielehre als Hauptfach. Unter den Schülern mit I. und II. Grad
                            nicht ersichtlich.
Geschichte der Musik . . . dto.
    Klavier, Nebenfach. II. Jahrgang. Herr Prof. Schenner: I. Grad.
    1876/77. Komposition I. Jahrgang. Klavier III. Jahrgang. Keine Censuren ersichtlich.

Zugut-Aufgelegter gemacht hatte, von dem jedoch Wolf mit Recht nichts wissen wollte. Um die Sache aufzuklären begab sich Wolf zu Hellmesberger. Auf dem Wege aber stiess er unversehens mit dem Direktor zusammen. Der, den vermeintlichen Bedroher sehen, und einen Hilfeschrei ausstossen, war eins. Es gab einen Auftritt und Lärm. Wolf wollte mit seiner Handschrift seine Unschuld nachweisen, Hellmesberger aber wollte nichts hören. Die streitenden Parteien konnten sich nicht verständigen, ja, der „schreckliche Wolf" ward so gefürchtet, dass er eine zeitlang sogar von der Polizei überwacht worden sein soll.*)

Wie erfolglos nun Wolfs Rechtfertigungsversuch auch geblieben ist, der Fall war für ihn nicht so belangreich, als das schicksalsschwere Wort: „Entlassen", das sich wie ein Sperrbalken quer über die Lebensstrasse des jungen Musikers zu legen schien.

Entlassen! Was sollte er beginnen? Wohin sich wenden? Welche Schule, wenn nicht diese, konnte er damals in Wien aussichtsvoll besuchen?

Privatunterricht? Oder gar keinen Unterricht mehr? Schwere Gedanken mögen damals durch Hugos Herz gekrochen sein. Hatte er deshalb dem guten Vater so zugesetzt, deshalb alle Lebensprojekte zertrümmert, um nach kurzem Verweilen von dort „entlassen" zu werden, wohin zu gelangen er glühend verlangt hatte, nun ein durchgefallener Student und ein relegierter Konservatorist?

Als die Nachricht von Hugos Schicksal zu Hause eintraf, war der Vater untröstlich: Also vom Konservatorium entlassen! Hugo aber war nur erbittert. Denn mehr als alles Andere wurmte ihn die Vokabel „entlassen". Das Wort ging ihm nach. Er hatte selber die „Musikkaserne" verlassen wollen, in der es für ihn wenig zu holen gab; ja, er wollte die Herren verklagen, die ihm den ominösen Ausdruck nachgeschrieben hatten. Lange und lange kam er darüber nicht hinweg. Wie immer: 1877 war es auch mit dieser Laufbahn zu Ende,

---

*) Die Episode wird bald in die Zeit vor, bald in die Zeit nach dem Abgange Wolfs, bald in das Konservatorium selbst, bald in das Wohnhaus Hellmesbergers verlegt. So wie hier wird das Rencontre auch von Paul Müller, nach einer persönlichen Mitteilung Wolfs erzählt. (Siehe das 1. Aprilheft 1903 der „Musik", Berlin, Schuster & Loeffler.)

abermals krümmt sich sein Weg und mündet nun ins freie, offene Leben...

Seit Hugo Wolf das Konservatorium in Wien, sagen wir: verlassen hatte, hat er keine Schule mehr besucht, und die einzige Schule, die er absolviert hat, ist also die Pfarrhauptschule in Windischgraz geblieben. Studiert hat er nirgends mehr, aber gelernt überall, wo es zu lernen gab, gelernt, was es für ihn zu lernen gab, mit fanatischem Fleisse und mit harter Ausdauer.

Er war ein Arbeitstalent: ein Mensch, der, wenn er nur frei war von Hemmungen, unerschöpfliche Kraft in Bewegung setzen, Essen, Trinken und Schlafen vergessen konnte, da er zu schaffen hatte. Dazu besass er ein zweites, höchst auszeichnendes starkes Talent, nämlich eine gierige, beinahe möchte man sagen die faustische Sehnsucht nach Erkenntnis, die ihn immerfort beunruhigte und ihn antrieb, in das Dunkel neuer Erscheinungen einzutreten und vorwärts zu gehen, so lange bis ihm Licht wurde. Die dem Menschen angeborene Neugierde, die sich über Alles, was ihn nah oder fern interessieren kann, erstreckt, „das erste Prinzip der Wissbegierde", von dem Rousseau einmal spricht,*) sass tief in Wolfs Natur; sie war sein ganz spezielles geistiges Vermögen und sie schob sich wie ein spitzer Keil in die verwickeltsten Phänomene.

Freilich verfuhr er ganz subjektiv. Sein Lernen war ein Lernen im Rösselsprung, ein Hierher und Dorthin, wohin ihn eben Neigungen und Instinkte warfen, ein Erfahren- und Geniessenwollen zugleich. Wo er einen Bildungsquell rauschen hörte, kam er aus der Moderne, kam er aus der Vergangenheit, sprang er auf ihn zu; seine Apperzeptionskraft war eben so stark, als sein Geschmack universell. Meines Ermessens hatte Wolf mehr als literarische, ja in gewissem Sinne dichterische Anlagen, und obschon seine Interessen grösser waren, als sein Urteil allemal gültig, erwarb er ein poetisches Feingefühl und einen literarischen Blick, Dinge, die ihn als Musiker ganz speziell auszeichnen, und die ihn etwa von seinem grossen Wiener Zeitgenossen, dem ehrwürdigen Anton Bruckner unterscheiden, welchen Meister schon enge Jugendverhältnisse hinderten, seine zweifellos starke geistige Begabung in ähnlichem Sinne zu entfalten.

*) Emil. Bd. I, Buch 3.

Wolf gewann keine gelehrte Bildung, wohl aber Bildung. Wo immer Neues vor ihm erschien — er stellte sich dazu in Distanz, und wenn es in seine Seele hinübersprang, dann glühte der ganze Mensch, dann war er bis obenan davon erfüllt, dann hatte der Enthusiasmus in ihm selber keinen Platz mehr, dann musste was davon hinüber in seine Freunde, dann mussten sie enthusiastisch sein wie er, oder sie waren nicht mehr seine Freunde. Um 6 Uhr früh, kam er einmal aufgeregt in Adalbert von Goldschmidts*) Wohnung an. Der Hausherr schlief noch. Aber Wolf postierte sich im Vorzimmer und wich nicht. Er hatte Dickens' „Pickwickier" mitgebracht. „Sie, das müssens lesen, das müssens lesen" überfiel er den Halbverschlafenen. „Ich werd' es Ihnen gleich vorlesen." Und er trommelte Goldschmidt aus dem Bett und las vor, bis in den Vormittag hinein.

So wanderte er die Strassen der deutschen, der romanischen und englischen Literatur hinab und was bedeutend war oder ihm gefiel, davon nahm er ganz Besitz. Wie ein Steinmosaik entsteht, entstand aus Stücken das Ganze seiner Bildungsfläche.

Dass er Goethe liebte und Mörike, Künstler, die mit dem schlichtesten Ausdruck die wunderbarste Anschaulichkeit erreichten, und die ihn, selbst einen der anschaulichsten und darum echt deutschen Tondichter wie Blutsverwandte mit tiefer Sympathie erfüllen mussten, sei vorab nur erwähnt. Wolf war einer der wenigen Deutschen, die Mörike erkannten und ihn auswendig kannten. Aber wie mühte er sich auch um Mörike, bis er sein Bruder im Geiste wurde. Wochenlang trug er das Gedichtbändchen in der Rocktasche; im Gehen und Stehen las er,**) er saugte die Verse auf, wohl einhundertmal begann er von Neuem, bis er den Geist dieser Poesieen seiner Seele einverleibt hatte. Daher denn auch seine Mörike-Lieder mit einem wunderbar treuen Stimmungston bis in alle Ecken und Enden ausgefüllt sind, und der Musiker endlich noch ein Mehreres im einzelnen gesagt hatte, als sein „Librettist". Wolf hat Mörike, der heute vielleicht nur mehr

---

*) Der Komponist Adalbert von Goldschmidt (geb. 1848 in Wien).
**) Mitteilung des Herrn Josef Strasser, Steueroberinspektors in Graz, Schwagers und Freundes Hugo Wolfs.

ein Schattenleben in den Litteraturgeschichten führen würde, seinem Volke lebendig erhalten.

Das ist schon oft gesagt worden.

Hier will ich nur einige litterarische Lieblingsfiguren aufzählen, Geister, mit denen Wolf am liebsten verkehrte. So hing er mit einem gewissen Fanatismus an Heinrich von Kleist. Den grössten Teil seines Lebens geht er mit dem Dramatiker um, der Goethe einst „den Kranz vom Haupte reissen wollte", und die ragenden Gestalten der Penthesilea und des Prinzen von Homburg begleiten ihn bis in die Zeit, da sich die ersten Schatten über ihn nieder senken.*)

Gleichfalls zu seinen Lieblingen gehörte der phantastische Grabbe, und zwar schon früh. Die wunderlich-excentrischen Bilder des trunkenen Poeten entzückten ihn, der grelle Humor, der Dunst des Dämonischen, der über Grabbes Dramen schwebt, berauschten ihn. „Kennen Sie den Ausdruck: konvulsivischer Wurm? Grabbe tituliert damit eine Schneiderseele. Lesen Sie den Cid, Operntext für Burgmüller von Grabbe. Das grossartigste Lustspiel — Aristophanes ist ausgenommen. Lesen Sie überhaupt wieder Grabbe" — so schreibt er einmal an Felix Mottl.**) Später packt ihn wieder Grillparzer. „Kennen Sie Grillparzer? Ich habe in letzter Zeit einer Serie seiner Dramen im Burgtheater beigewohnt und bin halb irrsinnig vor Begeisterung. In Deutschland hält man nicht viel Stücke auf ihn, was mich ganz unbegreiflich dünkt. Hoffentlich machen Sie

---

*) Auf Wolfs Kleist-Kompositionen werden wir noch ausführlicher zu sprechen kommen. — Hermann Bahr erzählt im Feuilleton des „N. W. Tgbl." vom 5. März 1903 über das Verhältnis Wolfs zur Penthesilea anschaulich aber ein wenig phantastisch:

„Er schwärmte für sie, seine Hände zitterten, wenn er nur ein paar Verse daraus las, sein Auge leuchtete und wie im Anblick einer höheren, helleren Region, deren Tore plötzlich vor ihm aufgesprungen wären, schien er wie verklärt, er schnappte nach Luft, sprang davon, um es abzuschütteln und im Gebüsche hörte ich ihn stöhnen und wiehern."

**) Aus einem bisher unveröffentlichten Briefe an Felix Mottl. Der Brief trägt kein Datum, doch ist anzunehmen, dass er am 1. Dezember 1884, als Bülow in Wien konzertierte, geschrieben wurde. Dass Wolf gerade vom Text zu einer komischen Oper Eindruck empfing, ist für ihn sehr bezeichnend. Grabbe taucht übrigens in den Recensionen Wolfs aus jener Zeit häufig auf.

eine rühmliche Ausnahme und sind ein glühender Bewunderer seiner unsterblichen Dichtungen — ich müsste Ihnen sonst die Freundschaft kündigen" — so schreibt er an Dr. Grohe.*) Dann ist es wieder Hebbel, für den er schwärmt, zuletzt gewinnt er zu Ibsen ein Verhältnis, ein andermal glüht er auch für Sudermann,**) und so hat er im Herzen immer einen Hausgott thronen, zu dem er betet, von dem er jubelt.

Von den Philosophen hatte es ihm erst Schopenhauer angetan, dieser namentlich wegen seines Parergakapitels über Lärm und Geräusch; später rief Nietzsche in ihm eine Revolution hervor; zuerst hatte Wolf den „Fall Wagner" kennen gelernt. Dann eine Abhandlung über Nietzsche selbst. Sofort bat er Eckstein um die vollständige Ausgabe Nietzsches***) und las dessen spätere Bücher, wie den „Zarathustra", die „fröhliche Wissenschaft" mit steigernder Bewunderung, vom sprachkünstlerischen Reiz des poetischen Philosophen stets aufs neue gefesselt.

Er müsste nicht der grosse Humorist gewesen sein, der er war, wenn er nicht in den grossen Humoristen und Satirikern der Weltlitteratur Genuss gefunden hätte, wie an Dickens, an Mark Twain, dessen „Bericht in Sachen des grossen Rindfleischkontraktes" ihn unaufhörlich erlustierte, und den er auswendig vortrug, oder an Sternes Tristram Shandy, oder an Claude Tilliers Onkel Benjamin.†) Eine Zeitlang las er mit tiefstem Behagen Rabelais'

---

*) Aus einem Briefe an Dr. Oskar Grohe in Mannheim, veröffentlicht in der „Neuen Bad. Landeszeitung" vom 25. Februar 1903. Der Brief an diesen Freund schliesst versöhnlich: „Einstweilen jedoch bin ich noch immer ganz der Ihre Hugo Wolf."

**) Felix Weingartner verdanke ich folgende Mitteilung: Als Wolfs Christnacht in Mannheim aufgeführt wurde, im April 1891, trafen der Dirigent Weingartner und der Komponist Wolf bei Grohe zusammen. Wolf schwärmte damals für Sudermanns Stücke und Romane und war entsetzt, als Weingartner ihm zufällig sagte, dass Sudermann eine hochgewachsene Erscheinung mit wohlgepflegtem Barte sei, dass er sich tadellos kleide. Er hatte sich ihn klein, abgemagert, bartlos und bleich vorgestellt und meinte immer, ein Künstler dürfe nur so aussehen.

***) Brief aus Döbling, 30. März 1892. (Unveröffentlicht.)

†) In einem Briefe an Emil Kauffmann vom 19. August 1892 spricht

Katharina Wolf   Philipp Wolf

HUGO WOLFS ELTERN

Gargantua und Pantagruel. Dann las er sich wieder tief in Walter Scott hinein, und wie er schon war, konnten ihm dessen Milieuschilderungen zu Wirklichkeiten werden, in sein eigenes Leben hinüber spielen, so dass er nicht mehr zwischen Dichtung und Wahrheit*) unterschied. Als er bei Friedr. Eckstein auf Schloss Bellevue**) wohnte, beschäftigte er sich mit Byrons Kain. Diese Lektüre nahm er so gründlich, dass er das Buch Genesis zu studieren begann, und von hier aus grübelte er sich wieder tief in theosophische Probleme hinein; und bevor er den „Feuerreiter" komponierte, hatte er sich so lebendig in Mörikes Gedicht hineingelesen, dass er nun anfing, in den Schriften alter Mystiker über Menschen nachzuforschen, die das Feuer voraussehen können. Er wollte sich auch die Schatzkammern fremder Sprachen öffnen und nahm in Wien englischen Unterricht, dann französischen, und wenn er es darin auch nicht weit gebracht hat, sieht man doch, wie sehr er sich zum Herren der verschiedensten Gebiete machen wollte, dass er, wie der grosse Plutarchleser Beethoven,

---

Wolf von „Mark Twains amerikanischen Spässen voll beissenden Pfeffers, die einen Leichnam lachen machen könnten". (Briefe an Emil Kauffmann, herausgegeben von Edmund Hellmer, Berlin, S. Fischer.) — Claude Tilliers „Onkel Benjamin" war Wolfs besonderer Liebling. In Briefen an Schwager Strasser nennt er sich selbst Benjamin, den Adressaten tituliert er regelmässig Beisskurz

*) Mit tiefem Interesse hatte Wolf einmal Scotts „Rob Roy" gelesen; in dem Buche fiel ihm das Wort Usquebaugh, die Bezeichnung für einen schottischen Schnaps, auf. (Aus usquebaugh, einem gälischen Wort, entstand der Name Whiskey.) Dies Wort nahm ihn ganz gefangen. Wenn er einen Bekannten auf der Strasse traf, war in jener Zeit seine erste Frage: „Kennen Sie Usquebaugh?" Die Sache liess ihm keine Ruhe, er wollte Usquebaugh persönlich kennen lernen und begab sich in eine Wiener Drogenhandlung, um des Trankes habhaft zu werden. Er war aufgebracht, als man ihm sagte, Usquebaugh sei nicht vorrätig. Aber er liess nicht nach, und setzte es durch, dass dieser Schnaps aus Schottland bestellt wurde. Usquebaugh kam richtig nach Wien, in einer Stärke von 10 Flaschen, und der arme Wolf, trotz seiner schmalen Kasse, musste die ganze teuere Sendung nehmen. Doch hatte er nun den ersehnten Usquebaugh erreicht, er lud die Freunde ein, und sie mussten mit ihm den romantischen, wenig geniessbaren Schnaps trinken. (Mitteilung Friedrich Ecksteins.)

**) Das Schlösschen Bellevue liegt auf einem waldigen Hügel in Grinzing, ehemals einem Vororte (XIX. Bezirke) Wiens.

von einem Vielfachen geistiger und literarischer Interessen erfüllt war.*)

Um die Dynamik seines Geisteslebens kennen zu lernen, müssten wir in grossen Sprüngen dem Gange seines äusseren Lebens vorauseilen; aber wer von dem „lernenden" Hugo Wolf spricht, kann nicht bei einem Jahre Halt machen, denn wie von jedem echten, grossen Menschen gilt es von Wolf: er hörte nie zu lernen auf, er horchte auf die Stimme des Lebens, so lange er horchen konnte. Er war ein Talent des Empfangens und Geniessens; aber wenn wir später noch Wolfs kritische Arbeiten durchlesen werden, werden uns diese Aufsätze als Zeugnisse seines produktiven literarischen Talentes erscheinen und gewiss wird uns, abgesehen von dem gepfefferten Humor, die Belesenheit des Autors — jeden Augenblick citiert er einen seiner Lieblinge —, die Gelenkigkeit seines Ausdruckes, die Fülle seiner Bilder, die Kraft seiner Sprache auffallen, Dinge, die seinen Recensionen ebenso wie seinen Briefen künstlerischen Reiz geben, und die er nicht in den Literaturstunden des Untergymnasiums gewonnen haben kann.

Musikalisch hat er eine ähnlich subjektive, wohl aber weit strengere Schule durchgemacht; auch hier jagt ihn der Wissenstrieb von Station zu Station; es ist wahr: er lernte meist nur von Lieblingen, und nahm von Jedem nur das mit, was er brauchte, doch sind die Streifzüge geordneter, sein Vordringen ist konzentrisch. Um Personen zu nennen, so kann man wohl sagen, dass Wolf von den Brüdern Josef Schalk und Franz Schalk**) in Wien viel gelernt hat; er verkehrte innig mit ihnen, oft stak er in ihrem reichdotierten Notenschrank und vermehrte aus dessen Beständen seine Literatur-

---

*) „Um nicht ganz in diesem Sumpf geistiger Trägheit zu versinken, habe ich mich, rein, nur um mich zu beschäftigen, auf die Erlernung der französischen Sprache geworfen und es bereits soweit darin gebracht, dass ich mit einiger Mühe einen Roman der George Sand lesen kann." (Brief an Emil Kauffmann vom 26. April 1893.)

Wolf lernte die englische Sprache bei einer Miss Bowring in Wien. (Mitteilung Friedrich Ecksteins.)

**) Josef Schalk, gestorben 7. November 1900, wirkte als Lehrer am Wiener Konservatorium und einige Jahre lang als artistischer Leiter des Wiener akademischen Richard Wagner-Vereines. Eine ebenso vornehme, als modern

kenntnisse. In der Wiener Hofbibliothek auf dem Josefsplatz war er ständiger Gast. Dort hatte er sich einquartiert und sass unermüdlich über den Meisterpartituren, studierte Takt und Takt, Seite und Seite, bis er durch die schmalsten Ritzen in die Geheimnisse der Wirkungen hineinsah, und so lange, bis er die Partituren im Gedächtnis mitnehmen konnte: es ist wunderbar, was alles er auswendig beherrschte.

Selbstverständlich, dass er in unseren deutschen Meistern zu Hause war wie nur Einer. Der Beethovenschen Musik, die auf ihn wirkte, „wie Himmelsäther und Waldesduft," und der Bachschen Kunst sah er tief ins Auge.*) Einmal spielte er mit Entzücken Bachs Italienisches Konzert und machte den zuhörenden Friedrich Eckstein namentlich auf die wundervolle Selbständigkeit der Stimmengruppen aufmerksam: im zweiten d-moll-Satze des Konzertes gäbe die linke Hand für sich allein einen herrlichen Gesang, ein Prinzip, das er für seine Arbeiten ebenfalls in Anspruch nahm. Ebenso lernte er von Rob. Schumann, was es da für Hugo Wolf zu lernen gab. Als er noch mit Dr. H. Paumgartner in näherem Verkehre stand, machte er diesen Musiker einmal auf das Lied „Mein Wagen rollet lang-

---

empfindende Natur und ein Musiker von gründlichem Wissen war er einer der ersten Vorkämpfer Anton Bruckners und Hugo Wolfs, für dessen Sache er u. a. auch den bedeutungsvollen Artikel in der „Münchener Allgem. Ztg." vom 22. Januar 1890 veröffentlichte (zum Teil wieder abgedruckt in den „Gesammelten Aufsätzen über Hugo Wolf", herausgegeben vom Wiener Hugo Wolf-Verein, Berlin, S. Fischer). „Die Münchener Allgemeine hat wie eine Bombe eingeschlagen. Meine Feinde sind fassungslos — meine Freunde jubeln. So ist's recht." (Aus einem unveröffentlichten Briefe Wolfs an seinen Bruder Max vom 13. Februar 1890.)

Franz Schalk wirkt gegenwärtig als Kapellmeister am Wiener Hofoperntheater.

*) Paul Müller, der Obmann des Berliner Wolf-Vereins, der den Künstler in seiner letzten Zeit in Wien besuchte, erzählt: „Einmal ergriff ich einen arg zerspielten Band, der ganz auseinanderfiel: es waren Beethovens Sonaten. Ich machte eine Bemerkung über die Spuren gewaltigen Studiums: Ja, sagte er sehr ernst, das waren böse Zeiten, damals wohnte ich in einer Dachkammer; ein Klavier hatte ich nicht. Da hab' ich mir die einzelnen Sonaten heraus genommen, bin damit in den Prater gegangen und habe sie dort studiert." (1. Aprilheft 1903 der „Musik", Berlin, Schuster & Loeffler.)

sam"*) aufmerksam; er spielte die aus Achteln und Sechzehnteln kombinierte Begleitung mit grösstem Interesse: „Sieh nur, wie charakteristisch das ist," wiederholte er ein paar Male. Schumanns Gesang „Auf das Trinkglas eines verstorbenen Freundes"**) machte ihm tiefen Eindruck, und er pflegte namentlich die Stelle „Was ich erschau' in deinem Grund ist nicht Gewöhnlichen zu nennen", mit ganz sonderbarem, geheimnisvoll-ergreifenden Ausdruck zu singen. Dies nur ein paar Beispiele für die „Methode", mit der er Schumann studierte, dessen symphonische Werke ihn übrigens — ihrer instrumentalen Eigenheiten wegen — weniger zusagten als dessen Lieder.***) Auch Marschner schätzte Wolf ganz sonderlich. Der „Vampyr" ist seine Lieblingsoper, die Klänge aus dem Osten liebte er ganz schwärmerisch. Aber einer seiner obersten Götter war Berlioz. Den Benvenuto Bellini kannte er ebenso — fast wörtlich — auswendig als die fantastische Symphonie — in diesen Werken schwelgte er geradezu. Daneben hatte der zukünftige Komponist des Corregidor starke Neigungen für Meister wie Cherubini (Wasserträger), Auber

---

*) op. 142 No. 4. Nachgelassenes Werk. Das Motiv, um das es sich hier handelte, lautet:

Im Bass Orgelpunkt auf B.

**) op. 35 No. 6.

***) Paul Müller erzählt in seinem Erinnerungsaufsatz (s. o.) weiter: „An Schumann ... liebte Wolf die intime Intensität des seelischen Ausdruckes. Besonders lieb waren ihm Schumanns Kompositionen zu Eichendorffschen Gedichten: seinen eigenen Eichendorff-Band betrachtete er als eine Ergänzung zu Schumanns Schöpfungen. Habe dieser hauptsächlich den Eichendorff des Mondscheins, der murmelnden Quellen und Brunnen, der rauschenden Wipfel musikalisch gestaltet, so habe er selbst dem kraftvolleren Element in Eichendorffs Wesen das musikalische Leben verliehen. Stücke wie ‚Seemanns Abschied', ‚Der Freund', ‚Der Schreckenberger', ‚Der Glücksritter' betrachtete er unter diesem Gesichtspunkt ... Dagegen lehnte er Robert Franz fast unbedingt ab. Nur ein Stück lobte er einmal: die ‚Gewitternacht'. Er warf Franz vor, dass er die durch Schubert und Schumann erweiterte Liedform durch seine archaïstische Neigung zum vierstimmigen Satz in engere Grenzen zurückgezwängt habe."

(Fra Diavolo), Bizet (Carmen), sogar für Mascagni (Lieblingsstück: das Kirschenduett aus „Freund Fritz").

Nichts schenkte er sich. Von der musikalischen Orthographie angefangen lernte er selbständig alles, was in die Gruppe „Theorie" gehört: die Grammatik, die Syntax und die Formenlehre, ja selbst das Technologische der Tonkunst. Die praktischen Musikerfertigkeiten gewann er im freien Lehrgang, der er u. a. ein glänzender Partiturspieler gewesen ist. Um seine Klaviertechnik liess er sich's redlich sauer werden; in harter Arbeit sass er — noch in späteren Zeiten — am Instrumente und erzog seine Finger: er machte sich zum Lehrling, um zum Meister zu werden. Das Erste, was er jedesmal brauchte, wenn er eine neue Wohnung bezog, war natürlich das Klavier. Ich habe es schon erwähnt, dass er es freilich zum Klaviervirtuosen, zum Konzertlöwen nie gebracht hat. Sein Spiel war viel zu sehr nach innen gerichtet, als dass er mit Klavierkoloraturen und Bravourfertigkeiten hätte was beginnen können. Er war Poet des Klaviers, kein Akrobat. Auch musste er gute Stimmung haben; aber hatte er sie, dann spielte er bei seinen Freunden bis spät in die Nacht hinein. „Es war ein eigentümlicher Reiz, ihn seine Sachen selbst vortragen zu hören ... Der Versuch jedoch, ein etwas schwereres Stück vierhändig zu spielen, misslang vollständig —" berichtet Felix Weingartner; offenbar hatte Wolf keinen guten Tag. Bach, Wagner und Beethoven hat Friedrich Eckstein dagegen von Wolf „ganz verklärt" spielen hören. Er nannte ihn einen ganz vorzüglichen Klavierspieler, ja Jos. Schalk meinte: niemand spielt so Klavier, wie Wolf, niemand wird von der Begeisterung auf solche Höhen geführt, wie Wolf.*) Nur ein Beispiel für die musikalische Gewalt seines Spieles. Er war zu einer Hochzeit eingeladen worden. Trotzdem ihm die Familie gut befreundet war, weigerte er sich, zu spielen. Über vieles, vieles Drängen jedoch liess er sich endlich herbei. Er ging ans Klavier und überlegte. Plötzlich wählte er den „Gang zum Hochgericht" aus Berlioz' phantastischer Symphonie. Und er spielte dies furchtbare Stück mit einem geradezu furchtbaren Realismus. Er führte die Hinrichtung auf, spielte das Schafott und das Blut, und

---

*) Mitteilung Fr. Ecksteins.

wirkte so dämonisch, dass die Braut — im Hochzeitskleide neben ihm — in Ohnmacht fiel. Wolf stand auf und entfernte sich aus dem Hause . . .*)

Den Hörer in Abgründe zu stürzen und auf Höhen zu führen — diese Gabe hat Wolf freilich von der Natur empfangen und nicht „erlernt". Das hatte er auch nicht von denen, mit denen er in seiner ersten Wiener Zeit gerne auf dem Konzertpodium erschien, um ihnen umzublättern — lief er doch damals wie der Page hinter Falstaff hinter mancher Musiker- oder Begleitergrösse Wiens her — aber zweifellos war die intensivste Beteiligung am Konzertleben Wiens eines seiner ersten Bildungsmittel. Wie lebt er das Musikleben der Residenz mit, jedes grosse Konzert ist ihm ein Festtag, er muss die künstlerische Luft Wiens atmen, um nur leben zu können. Dringend bittet er Felix Mottl, ihm einige Lektionen zu verschaffen, damit er „halbwegs anständig leben" kann. „Sie haben nun soviel Einfluss und ausgebreitete Bekanntschaften, und dürfte Ihnen gewiss nicht so viele Mühe kosten, mir diesen Liebesdienst zu erweisen, denn es wäre schrecklich für mich, den ganzen Winter über in Windischgraz zu bleiben, wo ich jedweden musikalischen Genuss entbehren muss."**)

So hat Hugo Wolf sein Handwerk erlernt, so bildete er sich zum Musiker aus, allein, ohne Lehrer. Nur zu einer fixen Kapellmeisterroutine, wie wir später sehen werden, hat er es nicht gebracht; zu diesem Handwerk war er nicht geboren, zu dem Beruf des Operndirigenten, in dem so unversehens das lebendige künstlerische Empfinden amortisiert werden kann, für den durch den Umgang mit ersten Tenören und dramatischen Sängerinnen erschwerten Dienstbetrieb eines Theaters — hierfür war der ebenso reizbare als ideal gesinnte Mensch Hugo Wolf nicht geboren, und das Theater, das den Komponisten später doch so stark angezogen hat, war eigentlich ein Ausserhalb seines Naturells.

Die Frage, ob Hugo Wolf etwa eine schulgerechte Doppel-Fuge hätte schreiben können, wie Anton Bruckner, will ich eher mit einem Vielleicht als mit einem Gewiss bejahen, ich halte aber die Gegenfrage

---

*) Mitteilung Fr. Ecksteins, der sie jedoch in ihren Einzelheiten nicht völig verbürgt.
**) Brief vom 8. Jan. ?; wahrscheinlich aus dem Jahre 1878 oder 1879.

bereit: hatte er die Fuge, diese stark gealterte Musikform, nötig? Wolf besass eben d i e Technik, die er brauchte, er beherrschte d i e Formen, mit denen er seine Stoffe „vertilgen" konnte und „die Vertilgung des Stoffes durch die Form" ist — wie es Schiller schon darlegte — das wahre Kunstgeheimnis des Meisters. Man staunt über Wolfs instrumentales Können — die „Instrumentationswitze", um einen seiner eigenen Ausdrücke zu gebrauchen, wenn man etwa die Partitur des „Feuerreiters", des „Elfenliedes" oder des „Rattenfängers" durchsieht, man staunt über seine instrumentale Anschaulichkeit, obwohl er keine speziell orchestrale Natur war, und obwohl er öfters seine Partituren, schon darum, weil er sich die längste Zeit nie im Orchester hörte, überlud. Man staunt über Wolfs formales Können, wenn man die freien Kontrapunkte, die intensive thematische Arbeit in seiner Corregidor-Partitur beobachtet, etwa den köstlichen basso ostinato in den ersten Mühlenszenen, den reizend-feinen Vocal-Kanon „Don Rodrigo geht um sieben Uhr zu Bett" im 3. Akte, oder dem kunstvollen Schlusschor des 4. Aktes.*) Und man denkt: Woher hatte er dies alles, aus welches Lehrers Mund hatte er die Regeln und Verbote, aus welchem Katechismus der Musiktheorie hat er erfahren, wie man die Stimmen führt und Formen baut, er, der er mit wenigen elementaren Kenntnissen die Schule verliess und im Wiener Prater im Baumschatten und unter Vogelgezwitscher Beethovensche Sonaten studierte?

 A. W. Ambros hat einmal die These aufgestellt: „Die Musik ist keine so urwüchsige Kunst wie die Poesie; in ihrem technisch-konstruktiven Teil will sie gleich der Architektur, Skulptur oder Malerei gründlich und mühsam erlernt sein." Gewiss. Jeder Musiker unterschreibt diesen Satz. Nur muss damit nicht gesagt sein, dass man das Technisch-Konstruktive ausschliesslich in Konservatorien

---

 *) Hugo Wolf gehört zu den modernen Komponisten, die wie Peter Cornelius dem Kanon wieder zu neuem Leben verhalfen. Dies namentlich wegen der charakteristischen Anwendung des Kanons im Corregidor. Den Vorzug, den die Tonkunst der 2. Hälfte des 19. Jahrhunderts dem älteren „lebenskräftigeren" Kanon vor der Fuge gab, legt Dr. Heinrich Rietsch ausführlicher dar. Vgl. „Die Tonkunst in der 2. Hälfte des 19. Jahrhunderts" (Leipzig, Breitkopf & Härtel) pag. 74 und ff.

oder Musikschulen erlernen müsste, und dass man nicht alleine konstruieren lernen könne. Es wird niemandem einfallen, den Wert einer methodisch arbeitenden Schule zu bestreiten, Mittelköpfen ist sie gewiss tauglich, Genies verdirbt sie nicht, und wer in der Schule nicht gut tut, ist noch lange kein Genius; aber sie ist nicht die allein seligmachende Anstalt, die einzige Gnadenpforte zum Tempel der Erkenntnis, schon darum nicht, weil es nicht jeder Natur gegeben sein muss, sich künstlerisch anderen zu unterordnen, und weil besonders starke, selbstsichere Naturen instinktiv der Schule mit ihren Überordnungen, sanktionierten Vorschriften und notwendigen Zwängen Opposition machen. Was Schwache und Mittelmässige nicht entbehren können, darüber hebt der Grosse sich hinaus. So stand es auch um Hugo Wolf; er hat gründlich und mühsam das Technisch-Konstruktive gelernt, manchen Schweiss hat's ihm gekostet, aber schliesslich vertrug es nur den einen Lehrer: Hugo Wolf. Gerade seiner Art hätte es eher gefrommt, an der Seite eines schaffenden Meisters selbst zu stehen, wie man früher tat, und es den Händen des Meisters abzugucken „wie's gemacht wird".

Dazu aber kam noch eines, ein geheimes, das ihn störrisch machte, vielleicht, ohne dass er's wusste. In dem jungen Hugo Wolf, zählte er auch erst 16 Jahre, sass schon die Musik, die man erst viel später kennen zu lernen anfing, und lange bevor noch eine Wolfsche Note gedruckt war, klang das in ihm, was man einst das Wolfsche Lied nennen sollte. Es lebte leise in ihm und trat anfangs nur in dämmerigen Umrissen vor seine Seele, und was er „erschaut in ihrem Grunde, war Gewöhnlichen nicht zu nennen". Dorthin musste er; und dieses Lied hätte ihn nicht Professor Krenn, so tüchtig er war, und kein anderer Professor gelehrt. Er bedurfte zuerst einiger verlässlicher Handwerksgriffe, einmal mussten die Türen zum Reiche der Musik vor ihm aufgetan sein, aber da drinnen fand er sich allein zurecht und so wenig wie ein anderes genial veranlagtes Individuum, das eigene Tön' und Weisen im Kopf hat, brauchte er eines amtlichen Führers und Dolmetschers; er ging seine eigene Marschroute fort, und kam am Ziele an, ohne Hilfe und ohne — Diplom.

Und wenn wir's recht besehen, war Hugo Wolf der einzige,

HUGO WOLF
im 14. Lebensjahr

der auf diesem einsamen Weg zur Höhe kam? War Sebastian Bach nicht im Grunde Autodidakt, war es bekanntermassen nicht Robert Franz? Hat Berlioz sein Eigenstes, den Zauber der Koloristik auf dem Pariser Conservatoire bei Isouard gelernt, oder sagt er nicht selbst: „Das aufmerksame Vergleichen der hervorgebrachten Wirkung und des angewendeten Mittels liess mich das geheime Band finden, das den musikalischen Ausdruck mit der besonderen Kunst der Instrumentation verbindet, aber Niemand hatte mich auf diesen Weg gewiesen." Und Wagner? So tüchtig der alte Kantor Weinlig war — in dem halben Kontrapunktjahre hat Wagner nicht sein Kunstwerk erschaut, dagegen sei an die wunderbare Befruchtung erinnert, die das Streben des Meisters in Paris, aber noch stärker in Dresden 1846 von Beethovens Neunter Symphonie erhielt. Auch möge ein Wort Richard Wagners hier Platz finden, das eine Wahrheit zu enthalten scheint: „Die eine verschmähte Gabe: ‚der nie zufried'ne Geist, der stets auf Neues sinnt', bietet uns Allen bei unserer Geburt die jugendliche Norn an, und durch sie allein könnten wir einst Alle ‚Genies' werden; jetzt, in unserer erziehungssüchtigen Welt, führt nur noch der Zufall uns diese Gabe zu, — der Zufall nicht erzogen zu werden." Und gar die Lehrzeit Jean François Millets, des gewaltigen maître-peintre und schlichten Bauernsohnes, liest sie sich nicht mutatis mutandis wie ein Kapitel aus Hugo Wolfs Lehrzeit? „Der homme de bois wurde er in der Schule genannt. Delaroche nahm sich des Zöglings anfangs mit besonderer Sorgfalt an. Aber sich erziehen lassen, heisst anderen folgen. Ein Mensch, der wie Millet schon wusste, was er wollte, war nicht mehr in bestimmte Bahnen zu lenken. Die Bilder Delaroches sagten ihm nichts ... und dieser hielt ihn — sehr mit Unrecht — für eigensinnig und halsstarrig. ... Millet, dem schon andere Ziele vorschwebten, konnte gar nicht mehr lernen akademische Kompositionen zu machen. ... Den cri de la terre, den er unaufhörlich zu hören glaubte — die normannische Heimaterde mit ihren Menschen — diesen Schrei vernahmen weder Klassiker noch Romantiker."*) Und was Hugo Wolf hörte: den Schall eines neuen Liedes, den Ruf einer neuen Stimme, den hörten

---

*) Richard Muther, Gesch. d. Malerei im 19. Jahrhundert Bd. II.

die Delaroches der Musik nicht. Was in seinem Inneren winkte und bat, konnte ihm niemand erklären, er konnte es nur selbst erhören.

Sein Lehrgang, wie wir ihn mitmachten, ist auffälliger als er abnormal ist; er ist genau so häufig als er notwendig ist, denn endlich macht jeder den Lehrgang durch, für den er geboren ist. „Zudem sage ich mir ganz leise, dass, was die Vorschriften anbelangt, man bis jetzt immer nur zwei gefunden hat, als erste die, welche anrät, als Genie zur Welt zu kommen — dies geht Ihre Eltern an nicht mich — als zweite diejenige, welche rät, viel und fleissig zu arbeiten, dass man seiner Kunst gehörig Herr werde — dies geht Sie an und wiederum nicht mich." So Taine in der „Philosophie der Kunst" an seine Hörer; sie haben Besseres nie vernommen.

Nur ein Ereignis trat noch in das Leben Hugo Wolfs als Lehrmeister ein, ein Ereignis gab ihm den Charakter, die scharfe Individualität, es war das „Fundament, auf dem sich sein Talent glücklich entfalten" sollte, und dies Ereignis hiess: Richard Wagner.

III. Kapitel.
Richard Wagner und Hugo Wolf.

Als der junge Hugo Wolf 1875 in die österreichische Kaiserstadt kam, lief er einer sehr bewegten Zeit in die Arme: eine junge Kunst war gegen eine ältere mit der Stirne gestossen, eine junge musikalische Kultur gegen eine ältere aufgestanden und es war die Kunst und die Kultur Richard Wagners, die eben ihren Eintritt in die Wiener Musikgeschichte erzwang. Auf der Bühne der Zeit standen, rechts und links vom Zuschauer, zwei Parteien, Wagnerianer und Antiwagnerianer in Fronten einander gegenüber, unversöhnlich wie in Paris einst Antibuffonisten und Buffonisten, Gluckisten und Piccinisten. Auf seiten Wagners aber sah man die Jugend; sie war für ihn seit den ersten Aufführungen des Tannhäuser und des Lohengrin in Wien, sie ging für ihn ins Feuer seit den drei denkwürdigen Wagnerkonzerten zu Weihnachten 1862 und Neujahr 1863 und sie kämpfte und — darf man es sagen? raufte für ihn, solange, bis sein Sieg entschieden war. Denn sie kämpfte mit der stärksten Waffe, die eine Armee haben kann: mit der Begeisterung. Begeisterung ist das Talent der Jugend überhaupt. Und jener blondlockige deutsche Enthusiasmus, der schon öfter bedeutsam in die Geschichte der Kunst eingriff, welcher ein Jahrhundert früher etwa ein Geschlecht in den schwärmerischen Werther-Kultus getrieben hatte, trieb jetzt wieder ein Geschlecht in einen schwärmerischen Wagner-Kultus, der zwar weniger sentimental als kräftig, weniger idyllisch als dramatisch, vor allem historisch bedeutsamer, aber von ähnlicher Romantik war. Immer wieder steht die deutsche Jugend unter dem Zauber eines Lieblings; der Wagner-Zauber aber kam damals wie ein Rausch über die Leute. Das Nie-Gehörte, das Unerhörte stand mit einem Male vor ihrer Seele, es machte sie taumeln und jauchzen, fiebern und kampflustig, es erschreckte und fanatisierte sie zugleich. Das Vielfache der Wagnerschen Kunst bedingte ein Vielfaches der Wirkung. Die Gewalt eines neuen Melos, die Kühnheiten einer neuen Harmonik, die Leuchtkraft des modernen Orchesters, die Riesengrösse des scenischen Bildes, die Deutschheit der Wagnerschen Kunst überhaupt — alles dies trieb zu einer potenzierten Begeisterung, und Wagner, der die Sehnsucht der jungen Zeit zu erfüllen schien, war ihr Gott, wie er der Greuel der älteren Generation, der Hass der „besitzstandwahrenden" Parteien war, denen er alles über den Haufen zu werfen schien.

Die grosse Versöhnerin Geschichte hat den Streitenden Waffen und Feldzeichen aus der Hand gewunden; ruhiger blickt unser Geschlecht auf jene bewegten Scenen der Zeit zurück, und was Enthusiasmus und Hass erregte, ist uns ein Problem geworden, das wir lösen müssen.

So standen die Dinge noch nicht, als Hugo Wolf aus der stummen Einsamkeit seiner Bergheimat nun mit einem Male in das brausende Leben der Weltstadt geriet. In der Frische und Empfänglichkeit seiner fünfzehn Jahre stand er an einem neuen unbekannten Gestade, die Türen seiner Seele waren weit geöffnet, und das erste grosse Ereignis, das hereinrauschte und den Raum seines Inneren ganz erfüllte, war Wagnersche Musik. Ahnungslos war Hugo Wolf in eine geschichtliche Episode hineingelaufen, mit der seine eigene Künstler-Geschichte neu beginnt; er erlebte die wichtige Tannhäuser-Aufführung vom Jahre 1875 in Wien.

Richard Wagner befand sich seit 1. November jenes Jahres in Wien, um seinen Tannhäuser und seinen Lohengrin in der Hofoper zu inscenieren. Es war den Bemühungen Franz Jauners, der seit dem Mai 1875 Direktor des kaiserlichen Operntheaters war, gelungen, den unter seinem Vorgänger Herbeck unterbrochenen „Draht mit Bayreuth" wieder herzustellen, d. h. er willigte in materielle Forderungen, die Wagner in betreff seiner früheren Werke gestellt, bewilligte die Mitwirkung den Mitgliedern der Hofbühne für die in Aussicht stehenden Festspiele von 1876, und hatte den Erfolg, im Laufe der Verhandlungen den Besuch Richard Wagners in Wien herbeigeführt zu haben.

Der Meister erschien, und die Stadt kam in Bewegung, wie jedesmal, wenn er erschien. Am 3. November fand die erste Tannhäuser-Probe statt. Am 7. melden schon aufgeregte Zeitungsberichte: „Die Proben zu Tannhäuser finden seit Beginn der Woche täglich statt. Richard Wagner leitet dieselben und studiert den Sängern Scene für Scene, ja Note für Note seines Werkes ein, das bis in das kleinste Detail nach den Intentionen des Komponisten gegeben werden soll. Einzelne Änderungen im Texte wie in der Musik werden bei den bevorstehenden Aufführungen zum erstenmale zu Gehör gebracht werden." Diese „Änderungen" bestanden in der sog. Pariser Bearbeitung des Tannhäuser, in welcher Form Wagner seine Oper in Wien inscenierte. Man interessierte sich für jede Einzelheit, und die Berichterstatter hefteten sich an Wagners Fersen, jedes Wort bedauernd, das sie nicht auffangen konnten.*) Die bevorstehende Aufführung war eine Sensation, und sie beschränkte sich nicht allein auf Wien. Nicht nur aus allen Provinzen — heisst es in einem gleichzeitigen Bericht — ja selbst von Paris, London und Moskau kommen Anmeldungen. Kunstcelebritäten ersten Ranges haben ihr Eintreffen bereits angezeigt und sich ihrer Plätze versichert; es ist auch Joseph Tichatschek, der berühmteste Tenorist Deutschlands, ... in Wien angekommen, den Wagner dem Personale der Hofoper als seinen ersten Tannhäuser vorgestellt hat. Bald hiess es, Wagner werde seinen Tannhäuser persönlich leiten, und nicht Hans Richter, ein Gerücht, das Wagner in einem Schreiben an Jauner eigens dementieren musste, und solche Gerüchte, die Reisebegleiter grosser Männer, liefen durch die Stadt und erregten sie, soweit sie es nicht schon durch die Leidenschaft der Parteien war, die nun frisch aufglühte. „Die Anhänger und die Feinde Wagners lagen wieder in offener Fehde, und gleich den heftigsten Glaubenskämpfen schienen sich musikalische Religionskriege in glühender Leidenschaft für unabsehbare Dauer entwickeln zu wollen." So sagt ein rückschauender

---

*) Am 10. Nov. fand die offizielle Begrüssung Wagners durch Jauner vor dem vollzähligen Personale der Hofoper statt. „Wagner hielt eine kurze Gegenrede, über deren Inhalt der Sekretär der Oper ... vorläufig ein beängstigendes Stillschweigen beobachtete." Abendbl. der „Neuen Fr. Presse" vom 10. Nov. 1875.

Feuilletonist jener Zeit,*) und Prof. Dr. Ed. Hanslick schrieb die für ihn und für die Tannhäusertage charakteristischen Worte:**) „Es sind ... seit sechs Wochen alle Gehirne vollständig unter Wagner gesetzt." Wien scheint für nichts sonst Interesse und Zeit gehabt zu haben; als der Meister den Hellmesbergerschen Quartettabend in c-moll aufführte, interessierte den Besucher fast mehr, als die Novität, obwohl wiederum nicht unterlassen wurde, gerade in der Tannhäuser-Woche für Brahms, d. h. für die Aufführung seiner Chorwerke laut einzutreten — man stand eben in den „heftigsten Glaubenskämpfen".

Wie muss dieses Spektakelstück des Grossstadt-Lebens den jugendlichen Hugo Wolf angezogen, wie muss es ihn erregt haben, als er gehört hatte, dass Wagner „der erste Opernkompositeur unter allen Künstlern sei". Das Ereignis, das alle Musiker herausforderte und die Jugend alarmierte, streckte auch nach ihm die Arme aus, und führte ihn nach der Ringstrasse, wo das neue Hofoperntheater lag, und wo, in der unmittelbaren Nähe des Konservatoriums, das Hotel Impérial, in dem Richard Wagner abgestiegen war, lag. So kam er in den Dunstkreis des Gewaltigen, und er fing an ihn zu umkreisen. Dass er, der kleine Hugo, den der Vater nicht hatte Musiker wollen werden lassen, nun in der Leibesnähe des Allergrössten gestanden, dass er mit dabei war, wo so Ausserordentliches sich begab, das musste er gleich nach Hause melden — man sollte staunen, was er in Wien alles erlebte — und in einem Briefe vom 23. November 1875 schildert er mit fliegendem Atem, wie es hergegangen sei:

„Richard Wagner befindet sich seit 5. November in Wien und zwar im Hotel Impérial. Er bewohnt mit seiner Frau 7 Zimmer. Trotzdem er schon so lange in Wien ist, hatte ich nicht eher das Glück und die Freude ihn zu sehen, als am 17. November um ³/₄ 11 Uhr, und zwar vor dem Eingang der Bühne in das Hofoperntheater, von wo ich mich auf die Bühne begab, und den Proben zuhörte, denen Wagner beiwohnte. Mit einer wahrhaft heiligen Scheu***)

---

*) N. Fr. Pr. vom 18. Dez. 1875.
**) N. Fr. Pr. vom 17. Dez. (Kritik der Lohengrin-Aufführung).
***) Dieselben Worte, die Rich. Wagner von C. M. v. Weber gebrauchte (Autobiographische Skizze).

betrachte ich diesen grossen Meister der Töne, denn er ist nach dem jetzigen Urteile der erste Opernkompositeur unter allen Künstlern. Ich ging ihm einige Schritte entgegen und grüsste ihn ganz ehrerbietig, worauf er mir freundlich dankte. Schon von diesem Augenblicke an hatte ich eine unüberwindliche Neigung zu Richard Wagner gefasst, ohne noch eine Ahnung von seiner Musik zu haben."

Mittlerweile war der Tag der ersten Aufführung herangerückt; die Zeitungen brachten Bulletin auf Bulletin. Am 20. November fand die Generalprobe statt, zu der kein Zutritt gestattet war, an diesem Tage blieb das Theater geschlossen. Sonntag den 21. gab man „Robert der Teufel", und am 22. endlich war der Tannhäuser-Tag da, die Spannung aufs höchste gestiegen. Und nun fährt Wolf in jenem Briefe fort:

„Erst am Montag, den 22. November wurde ich in seine wunderbare Musik eingeweiht, es war „Tannhäuser" unter der Anwesenheit des grossen Richard Wagner. Ich stellte mich schon um $1/4$ auf 3 Uhr an, obwohl die Oper erst ausnahmsweise um $1/2$ 7 (sonst um 7 Uhr) anfing. Es war so ein furchtbares Gedränge, dass ich um mich schon besorgt war. Ich wollte den Rückweg antreten, doch war es schon unmöglich, da keiner neben mir von der Seite wich. So blieb mir nichts übrig, als auf meinem Platz zu bleiben. Als endlich die Türe geöffnet wurde, drang der ganze Schwall hinein, und mein Glück, dass ich in die Mitte gerissen wurde, denn wäre ich auf die Seite gekommen, so würde ich zerschellt sein an der Mauer. Doch wurde ich reichlich für meine Todesangst entschädigt. Ich hatte meinen alten guten Platz auf der vierten Galerie. Schon die Ouvertüre war wundervoll und erst die Oper — ich finde keine Worte dazu, dieselbe zu beschreiben. Ich sag' Ihnen nur, dass ich ein Narr bin. Nach jedem Akt wurde Wagner stürmisch gerufen, und ich applaudierte so, dass mir die Hände wund wurden. Ich schrie nur immer Bravo Wagner! Bravissimo Wagner! und zwar so, dass ich fast heiser geworden bin und die Leute mehr auf mich als auf Richard Wagner schauten. Nach jedem Akt wurde er fortwährend gerufen, wo er sich von der Loge aus bedankte. Nach dem dritten und letzten Akt erschien er auf der Bühne, und da der Jubel kein Ende nehmen wollte, hielt er nach dreimaligem Hervorrufen eine kleine Anrede an das Publikum. Die wörtliche Ansprache des Meisters werde ich Ihnen nächstens mitteilen; ich habe selbe in mein Notizbuch geschrieben. Näheres von Wagner im nächsten Schreiben. Ich bin durch die Musik dieses grossen Meisters ganz ausser mir gekommen und bin ein Wagnerianer geworden."

So sprudelt's in der ersten heissen Erregung heraus. Es muss in dem jungen Musiker alles auf gewesen sein; er hatte die neue Venusberg-Musik, die modernste und sinnlichste aller deutschen Musiken gehört, und er kam in einen Zustand, in dem man nachts nicht schlafen kann, weil alles zittert und in Aufruhr ist. „Ich bin ein Wagnerianer geworden." Wie wenn er dazu ernannt worden, wie wenn ein Glück über ihn gekommen wäre, ruft er das aus. Er steht im vollen Rausche der ersten Wagnerbegeisterung und charakteristisch ist, gegen das aufgewühlte Empfinden des jungen Menschen, der auf der vierten Galerie, in der letzten Höhe „auf seinem guten alten Platz" die Tannhäuser-Musik erlebt, die abgemessene Kühle des Kritikers, der auf seinem Parquetsitz die Sache mit angesehen hat und darüber trocken berichtet: Die Vorstellung dauerte von $^1/_2$ 7 bis $^1/_2$ 11 Uhr, sie schien einem Teil des Publikums, der sich früher entfernte, doch zu lang zu werden. Nach dem ersten Akte erschien Wagner, trotz lauten Hervorrufes nicht auf der Bühne, sondern verneigte sich bloss aus der Parterre-Loge, die er mit seiner Gemahlin und Frau v. Dönhoff innehatte. Nach dem Schluss der Oper erschien jedoch Wagner mit den Hauptdarstellern Ehnn, Materna, Labatt, Bignio und Scaria auf der Bühne und dankte in folgender kurzer Anrede: „Es werden im Mai ungefähr 15 Jahre sein, seit ich meinen Lohengrin zu hören bekam*), und zwar vor Ihnen oder wenigstens vor vielen von Ihnen. Sie haben mein Streben damals freundlich begleitet, und es scheint sich heute etwas ähnliches wiederholen zu wollen, da ich den Versuch mache, soweit die vorhandenen Kräfte ausreichen, meine Werke Ihnen noch deutlicher zu machen. Haben Sie herzlichen Dank für diese Aufmunterung." Nach dieser Ansprache Wagners fiel ein riesiger Lorbeerkranz zu seinen Füssen nieder.

---

*) Wagner meinte die Lohengrin-Vorstellung im Wiener Hofoperntheater vom 15. Mai 1861, in der er zum erstenmale sein Werk hörte.

HUGO WOLF
im 17. Lebensjahr

Hugo Wolf hat die Vorstellung nicht zu lang gefunden; er hat sich nicht vor Schluss entfernt und so ist er Zeuge jener Anrede Wagners gewesen, in der die seither historisch gewordenen, viel citierten und vielbesprochenen Worte „soweit die vorhandenen Kräfte ausreichen", gefallen sind.*) Er hat diese Scene getreu im Tagebuch seines Gedächtnisses aufbewahrt und sich ihrer zehn Jahre später, als er die ganze Bedeutung des Vorganges klarer fühlen mochte, und selbst „Kritiker auf dem Parquetsitze" geworden war, mit einem gewissen Stolz erinnert.**)

Damals freilich sah er nicht das Historische des Augenblicks, sondern spürte nur seine Wucht, und geriet in einen Zustand der Selbstvergessenheit. Nur eins wusste er: „Ich bin ein Wagnerianer geworden." Wem riefe dieser Aufschrei nicht die Worte jenes deutschen Musikers sofort ins Ohr, den Richard Wagner an der Pilgerfahrt zu Beethoven gestehen lässt: „ . . . ich entsinne mich nur, dass ich eines Abends zum erstenmale eine Beethovensche Symphonie aufführen hörte, dass ich darauf Fieber bekam, krank wurde, und als ich wieder genesen, Musiker geworden war . . ." So wie Beethoven auf Wagner, so wirkte Wagner auf Wolf. „Ich kannte keine Lust mehr, als mich so ganz in die Tiefe dieses Genius zu versenken, bis ich mir endlich einbildete, ein Teil desselben geworden zu sein, und als dieser kleinste Teil fing ich an, mich selbst zu achten, höhere Begriffe, und Ansichten zu bekommen, kurz, das zu werden, was die Gescheidten gewöhnlich immer Narren nennen." So der deutsche Musiker in Paris. Und mit frappirender Genauigkeit wiederholt sich der Seelenzustand des Beethovenianers ein Menschenalter später in dem Wagnerianer, dem deutschen Musiker

---

*) Wagner wollte mit diesen Worten nichts, als um Nachsicht bitten. Hatte er sich doch bemüht, wie Anton Seidl in den Bayr. Bl. 1900 S. 296 erzählt, „einen Tannhäuser aus einem schlechten Raoul" zu machen. Die Künstler der Hofoper fühlten sich aber verletzt; die Zeitungen bemächtigten sich des Ausspruches. „Wagner schleppt auf allen seinen Zügen durch die deutschen Städte einen grossen Sack mit sich, welcher den besten Samen der Zwietracht enthält." Richard Wagner aber gab einige Tage später den Mitgliedern der Hofoper hinreichende Aufklärung.

**) Im „Wiener Salonblatt" vom 1. November 1885.

in Wien, der alles in die hilflosen Worte zusammenpresst: „Ich sag' Ihnen nur, dass ich ein Narr bin."

Auch er lebt in einem Fieber, und auch er muss den Meister sehen, für den er schwärmte, und er heftet sich an seine Sohlen; er muss ihn sprechen, und zwar sogleich, denn Begeisterung wartet nicht, sie ist, wie Goethe sagt, „keine Heringsware, die andere einpökelt auf viele Jahre".

So geschieht es denn auch: Hugo Wolf spricht mit Richard Wagner. „Wie das ward" erklärt der nachfolgende Brief an die Eltern. Es ist da erst von einigen Kompositionen die Rede, einem Violinkonzert in drei Sätzen, das fertig sei, und von anderen Sachen, dann heisst es aber:

„Nun zur Hauptsache. Ich war nämlich — raten Sie bei wem??? beim — Meister Richard Wagner. Ich werde Ihnen jetzt alles erzählen, wie das kam. Ich schreibe Ihnen die gleichen Worte, wie ich sie in mein Tagebuch geschrieben habe:

„Samstag den 11. Dezember um halb 11 Uhr sah ich zum zweitenmal Richard Wagner, und zwar im Hotel Impérial, wo ich eine halbe Stunde auf der Stiege stand und auf seine Ankunft wartete. (Ich wusste nämlich, dass er an diesem Tage die letzte Probe seines ‚Lohengrin' leiten werde.) Endlich kam der Meister Richard vom zweiten Stocke herab, und ich grüsste ihn ganz ehrfurchtsvoll, als er noch ziemlich weit von mir entfernt war. Er dankte sehr freundlich. Als er nun zur Tür kam, sprang ich schnell hinzu und öffnete ihm dieselbe, worauf er mich einige Sekunden lang starr anschaute und dann in die Oper zur Probe fuhr. Ich lief so schnell ich laufen konnte dem Meister vor und kam bei der Oper früher noch an als Richard Wagner im Fiaker. Ich grüsste ihn dort wieder und wollte ihm die Tür öffnen, da ich sie aber nicht aufbrachte, sprang schnell der Kutscher hinzu und öffnete ihm dieselbe. Hierauf sagte er dem Kutscher etwas, ich glaube es war von mir die Rede. Ich folgt ihm dann noch auf die Bühne, wurde aber diesmal nicht vorgelassen. (Ich war nämlich schon bei der Probe des ‚Tannhäuser' auf der Bühne, wo Wagner zugegen war.) Da ich schon öfters im Hotel Impérial auf den Meister wartete, so machte ich bei dieser Gelegenheit die Bekanntschaft des Direktors vom Hotel, der mir versprach, mich bei Wagner zu protegieren. Wer war erfreuter als ich, da er mir sagte, ich sollte am nächsten Tag, Samstag, den 11. Dezember, nachmittags, zu ihm kommen, damit er mich der Kammerzofe der Frau Cosima (Gemahlin Richard Wagners, Tochter des grossen Liszt) und dem Kammerherrn Richard Wagners vorstellte. Ich kam um die besagte Zeit hin; meine Aufwartung bei der Kammerzofe war sehr kurz. Ich erhielt den Bescheid, morgen, Sonntag den 12. Dezember, um 2 Uhr hinzukommen. Ich ging um die bestimmte Stunde hin, fand aber die Kammerzofe, den Kammerherrn und den Direktor des Hotels noch beim Speisen und ich trank beim Schlusse noch einen Kapuziner mit. Dann ging ich mit der Zofe zur Wohnung des Meisters, wo ich etwa eine Viertelstunde wartete, bis der Meister kam. Endlich erschien Wagner in Begleitung Cosimas und Goldmarks etc. (Er war eben vom philharmonischen Konzert gekommen.) Die Cosima grüsste ich ganz ehrfurchtsvoll; sie hielt es aber gar nicht der Mühe wert, mich nur eines Blickes zu würdigen, sie ist ja auf der ganzen Welt bekannt als eine äusserst stolze und eingebildete Dame.*) Wagner ging ohne mich zu beachten in sein Zimmer, als die Kammerzofe zu ihm in einem bittenden Ton sagte: „Ach, Herr Wagner, ein junger Künstler, der schon so oft auf Sie wartete, um mit Ihnen zusammen zu kommen, wünscht mit Sie zu sprechen." Er kam heraus, blickte mich an und sagte: „Ich habe Sie schon einmal gesehen, ich glaube, Sie sind — — — — — — — (wahrscheinlich wollte er sagen, Sie sind ein Narr.) Hierauf ging er hinein und öffnete mir die Tür zum Empfangssalon, wo eine wahrhaft königliche Pracht herrscht. In der Mitte stand ein Ruhebett, ganz aus Samt und Seide. Wagner selbst war in einen langen Samtmantel mit Pelzverbrämung eingehüllt. Als ich hineintrat, fragte er nach meinem Begehren. (Fortsetzung folgt.)"

Diese Fortsetzung findet sich nach Edm. Hellmers Angabe, welcher die „Wagnerbriefe" Wolfs veröffentlicht hat,**) auf einem Zettel, der dem nächsten Schreiben beigelegen sein dürfte; sie lautet:

„Fortsetzung von Richard Wagner.

„Als ich mit Wagner allein war, sprach ich: ‚Hochverehrter

---

*) Vielleicht hatte Frau Wagner den jungen Mann doch nicht bemerkt.
**) Siehe Deutsche Zeitung vom 3. April 1901.

Meister! Schon lange hegte ich den Wunsch, über meine Kompositionen ein Urteil zu hören und mir würde —' hier unterbrach mich der Meister und sagte: ‚Mein liebes Kind, ich kann gar kein Urteil über Ihre Kompositionen abgeben und habe jetzt viel zu wenig Zeit und kann nicht einmal meine Briefe schreiben. Ich verstehe gar nichts von der Musik.' Da ich den Meister bat, mir zu sagen, ob ich es zu etwas bringen könnte, sagte er: ‚Als ich noch so jung war, wie Sie jetzt und komponierte, konnte man auch nicht sagen, ob ich es weit in der Musik bringen könnte. Sie müssen mir höchstens Ihre Kompositionen am Klavier vorspielen, aber ich habe jetzt keine Zeit. Wenn Sie einmal reifer sind und grössere Werke komponiert haben und ich einmal nach Wien komme, können Sie mir Ihre Kompositionen zeigen. Das geht nicht, ich kann gar kein Urteil abgeben.' Da ich dem Meister sagte, dass ich die Klassiker mir zum Vorbild nähme, sagte er: ‚Nun ja, das ist ja recht, man kann nicht gleich Original sein.' (Dabei lachte er.) Zum Schlusse sagte er: ‚Ich wünsche Ihnen, lieber Freund, viel Glück zu Ihrer Laufbahn. Fahren Sie nur recht fleissig fort, und wenn ich wieder nach Wien komme, zeigen Sie mir Ihre Kompositionen.' Hierauf schied ich tief bewegt und ergriffen vom Meister."

„Dienstag, den 14. Dezember abends 7 Uhr fuhr der grosse Meister nach Bayreuth ab. Dies ist das Ende vom Lied . . ."*)

So stellt sich das Ereignis gleichsam von innen gesehen dar. So hat es der Hauptbeteiligte, Hugo Wolf, erlebt, so hat er es unmittelbar darauf beschrieben. Interessant ist es, neben diesen subjektiven Bericht den eines Augenzeugen zu stellen, der den Vorfall aus der Zuschauerperspektive beobachtet hatte, und überdies an der „Begegnung" nicht ganz unbeteiligt war. Es ist das der Bericht eines der intimsten Freunde Wagners: Gustav Schoenaichs, der

---

*) Nach Zeitungsberichten reiste Wagner am 16. Dezember von Wien ab. Am 25. November war Tannhäuser wiederholt, am 15. Dezember Lohengrin gegeben worden. Auch nach dieser Vorstellung hielt Wagner eine kurze Ansprache. Seine Abreise begleitete ein Zeitungsbericht mit folgenden Worten: „Die grosse Detonation ist vorüber; unter Blitz und Knall sind Tannhäuser und Lohengrin über unsere Häupter hinweggegangen, einer der gewaltigsten Vulkane des Erdbodens, der Tonheros Wagner, ist aus dem Weichbilde Wiens wieder verschwunden."

damals sehr viel mit der Familie des Meisters verkehrte, wie er namentlich auch Frau Wagner anlässlich ihrer Besuche der verschiedenen Kunstsammlungen Wiens begleitete. „An einem dieser Tage," teilt Schoenaich mit,*) „machte mich der Portier des Hotels auf einen jungen Menschen aufmerksam, der, wie er mir erzählte, schon stundenlang im Winterfroste warte, um des Meisters ansichtig zu werden. Da ich ihn nicht kannte, hatte ich zunächst keine Veranlassung zu intervenieren. Als aber später das Stubenmädchen, offenbar in der Absicht, dem Jüngling Eintritt zu verschaffen, aber nicht direkt verlangend, von dessen ausharrenden Bemühungen erzählte, animierte ich den Meister durch ein scherzhaftes Wort, den schwärmerischen jungen Mann zu empfangen. Wagner, der sehr guter Laune war, beauftragte das Stubenmädchen, ihn einzulassen. Wolf (ich weiss nicht mehr, ob ich damals seinen Namen erfahren habe) erschien nun, stammelte einige verlegene Worte, reichte Wagner auch eine Rolle mit Kompositionen, auf die dieser einen Blick warf, und entfernte sich nach einigen Minuten, sehr glücklich vom Meister mit einigen sehr wohlwollenden und gütigen Worten bedacht worden zu sein. So spielte sich dieser eben nicht sehr bedeutsame Vorfall ab..."

Welch rührende Erscheinung ist doch der junge Wolf, wie er da in Frost und Kälte vor der Wohnung des Meisters Schildwache stand, wie er nichts mehr fühlte, als die eine grosse Sehnsucht nach dem angebeteten Meister, wie er geduldig alles ertrug, um des grossen Glückes willen, ihn zu sprechen, wie er schliesslich erfinderisch wird und sich hinter das Stubenmädchen steckt, nur um vor das Antlitz des Unsterblichen zu gelangen. Man lächelt vielleicht über diese Hartnäckigkeit, und doch ist gerade die naive Energie des jungen Wolf ein schöner, echt kindlich-aufrichtiger Zug, und die Kraft, die ihn zu Wagner trieb, ist jenem deutschen Künstler-Idealismus verwandt, der einst Bach von Arnstadt aus seine berühmte Pilgerfahrt zu Buxtehude nach Hamburg machen liess. Was wusste der Knabe von Wagner? Für ihn war er der Allmächtige, und wie ein Kind dem Schöpfer des Himmels und der Erde im Morgen- und Abendgebet die kleinen Wünsche seines Herzens anvertraut, wie es mit dem, der die Welt erschaffen, auf du und du steht und von seiner Allmacht

---

*) Brieflich an den Verfasser.

auch für sich in Anspruch nimmt, was es braucht, so tritt auch Wolf vor Richard Wagner, der den Tannhäuser, den Lohengrin, auch so vieles andere geschaffen, und ist überzeugt, dass er auch seine Kompositionen werde prüfen, ihm Wünsche werde erfüllen, oder ihm sonstwie Liebes tun. Auffällig ist nur der Widerspruch der beiden mitgeteilten Berichte. Denn nach Wolfs Brief habe der Meister gesagt: „Ich verstehe gar nichts von der Musik," woraus Hellmer in dem citierten Aufsatz „einen leicht abwehrenden Sinn" hört und den er mit der Bemerkung motiviert, „dass ein Genius, wie Wagner, eingesponnen in seine eigensten geheimsten Gedanken und Ideen, ein berechtigtes einseitiges Interesse nur an seiner eigenen Kunst hat". Nach Schoenaich, der wohl nur den allgemeinen Tenor der Worte des Meisters wiedergibt — wie hätte er sich auch nach fast 30 Jahren an jede Wendung genau erinnern können? —, habe Wagner Ausdrücke von „wohlwollendem und gütigem" Charakter gebraucht. Das dürfte denn auch das Richtige treffen, und es hört sich auch recht „wagnerisch" an, denn über das „Wohlwollen Wagners im Verkehre mit jüngeren Kunstgenossen" bringt Glasenapp*) schöne Belege bei; so habe Wagner sich selbst einige Operscenen Weissheimers zu dessen eigener Verwunderung vorspielen lassen, „obgleich er stets nur ungern und mit grosser Überwindung die unfertigen Kompositionsversuche junger Leute anhörte, die als Schüler und Jünger in seine Nähe kamen".

Vielleicht klärt sich der Widerspruch aber auf, wenn wir hören, wie Wolf persönlich in späteren Zeiten die Begegnung mit Richard Wagner darstellte. So erzählte er dem Grazer Architekten Friedrich Hofmann, der mit ihm Juli 1890 im Köchertschen Hause in Wien zusammentraf, Wagner habe im gemütlichsten Tone gesagt, als er einen Blick in die Noten geworfen hatte: „Lieber Freund — Klaviermusik? Seh'n Sie, davon verstehe ich nun gar nichts. Wenn Sie 'mal Lieder schreiben, dann kommen Sie zu mir." Wolf, der meinte, er müsse auch etwas darauf sagen, platzte nun los: „O, Meister sind zu bescheiden!" Er wollte aber doch ein Urteil hören und bemerkte:

---

*) C. F. Glasenapp: Das Leben Richard Wagners. 2. Bd. 2. Abtlg., Seite 369. Dort ist auch ein bezeichnendes Wort Nietzsches über Wagners Verkehr mit jungen Musikern wiedergegeben.

„Ja, ich bin halt noch nicht selbständig," worauf Wagner ganz zutraulich wie von Freund zu Freund sagte: „Ja, sehen Sie, ich war auch nicht gleich selbständig. Schauen Sie meinen Rienzi an; sind böse Sachen drin." Dann aber wiederholte er: „Wenn Sie mal was anderes komponieren, kommen Sie nur zu mir." So hat es Wolf selbst erzählt, und Hofmanns Mitteilung verdient vollständige Glaubwürdigkeit.*) Hierdurch ist auch die Abwehr Wagners, wie sie aus den Worten: „Ich verstehe gar nichts von der Musik" hervorzugehen scheint, klar- und richtiggestellt: nicht von der Musik, sondern von der Musik, d. i. von Klaviermusik erklärte Wagner nichts zu verstehen, dies die ganz ehrliche und offenherzige Antwort des grossen Dramatikers. Es ist mir zwar nicht bekannt, welche Sachen Wolf dem Meister zur Prüfung vorlegte; wenn ich aber annehme, dass es Kompositionen jener Art gewesen seien, wie ich sie in seinem Jugendnachlass**) eingesehen habe, — es fanden sich Fragmente von Salon-Klavierstücken wie „Wellenspiel" u. dgl. vor — was hätte Wagner damit anfangen sollen, und hätte Wolf auch sein bestes ausgesucht, kaum hätte Wagner aus diesen ersten Versuchen dem jungen Künstler ein Stück Hoffnung bestätigen können. Wolf selbst mochte später über seine stürmische „Zudringlichkeit" ein wenig rot geworden sein, denn er gestand Herrn Hofmann: „Ja, mit den Liedern . . ., wie ich die einmal komponiert hatte, hätte ich mich gar nicht zum Meister hingetraut." Wenn Gustav Schoenaich die Begegnung Wagner-Wolf einen „eben nicht sehr bedeutsamen Vorfall" nennt, so hat er recht, denn er sah sie von der Seite Wagners aus mit an, und in dessen Biographie dürfte die Episode keinen besonders breiten Raum beanspruchen, als manche andere Anekdote. Denn es war gewiss keine Monarchenzusammenkunft, bei der gewichtige Worte gesprochen, grosse Pläne entwickelt werden, als Wolf vor Wagner stand; es war

---

*) Wolf pflegte den Vorfall nach Hellmers Angabe in einigen Varianten zu erzählen. Hofmann, dem Obmanne des Grazer Wagner-Vereines, scheint er bloss die Tatsachen ohne Ausschmückung mitgeteilt zu haben. Hellmer merkt auch an, dass Wolf „in den nächsten Jahren noch wiederholt eine persönliche Annäherung an Wagner versucht" habe.

**) Frau Modesta Strasser in Graz hatte einige Manuskripte aus der Jugendzeit ihres Bruders in Besitz.

die Audienz, die ein Gekrönter erteilte und die er wohl in hundert ähnlichen Fällen erteilte.

Ist der Vorfall also auch nicht „Wagner-geschichtlich", er ist Wolf-geschichtlich, denn für Wolf war er nicht eine Episode, sondern ein Eindruck von nachhaltigster Wirkung: für Wolfs Wagnerverehrung und Wagnertreue ruht in dieser Novembergeschichte der Schlüssel, und ich muss hier Ed. Hellmer, der die Sache psychologisch, von der Seite Wolfs aus betrachtet, recht geben, wenn er sagt, dass Wolf dieses Zusammentreffen „zu Wagners persönlichem Freunde weihte, dass er von da ab nicht allein an dem Künstler Wagner, sondern auch an dem Menschen Wagner innigsten Anteil nahm". Er trug ein Erinnerungsgut aus jenem Hotelzimmer mit davon, für immer hatte die Persönlichkeit des Meisters ein Insiegel in seine Seele gedrückt, und fortan war Wagner für ihn „ein abwesender Freund".

Hugo Wolf also ist in der Tannhäuservorstellung vom November 1875 Wagnerianer geworden; er ist es geblieben, denn er hatte sein Wagnerianertum erlebt; es war nicht die soi-disant-Wagner-Begeisterung, die von aussen zufliegt, wie sie heute üblich ist, weil sie gesellschaftlichen Wert hat, es war die erste Liebe, die ein Blitz entzündet hatte; und wie Wolf seinen Enthusiasmus erlebte, so erarbeitete er sich sein Verständnis. In dem oben erwähnten Jugend-Nachlass des Künstlers finden sich rührende Dokumente für sein Wagnerstudium: es sind zwei von seiner Hand herrührende Textbücher Wagnerscher Werke, das eine zum fliegenden Holländer, das andere zum Lohengrin, beide mit sorgsamer Knabenschrift ausgeführt und mit Notenbeispielen versehen, damit er sich „Text" und Motive nur ja recht tief und innig einpräge. Und er wurde einer der genauesten Kenner Wagners, sowohl des Musikers wie des Schriftstellers. Wie er sich in das grosse Buch der Wagnerschen Kunst hineingearbeitet haben mag, können wir an alledem ermessen, was wir von Wolfs „Methode" zu lernen, von der Akribie seines unermüdlichen Geistes wissen.*) Er schwelgte geradezu in Wagnerpartituren, wie vieles wusste er auswendig!

---

*) Als Hugo Wolf im Jahre 1890 Engelbert Humperdinck in Frankfurt besuchte, und in dessen Wohnung übernachtete, lieh er sich die Partitur des Parsifal aus, die Humperdinck gerade im Besitze hatte, und statt zu schlafen, brachte er die ganze Nacht über dem Studium der Parsifalmusik zu.

HUGO WOLF
im 25. Lebensjahr

Er dachte ernst und hoch von Wagner und verehrte in der Wagnerschen eine Kunst von keuscher Schönheit, die man nicht auf die Gasse legen dürfe. Aus dieser seiner Haltung geht seine Empfindung für künstlerische Wagnerkultur im Gegensatze zu jenem Wagnerkultus hervor, wie er sich in Liebhaberkreisen gerne breit macht. Er suchte in so Grossem Erhebung und wollte es dadurch nicht verkleinern, dass er darin Unterhaltung suchte.*) Wenn Hugo Wolf daher im Ecksteinschen Freundeskreise aus Wagnerschen Partituren vorgetragen hatte — unter anderem führte er an einem Abend die Parsifalmusik in wunderbarster Verklärung am Klaviere auf — dann schloss er den Flügel, denn er duldete nicht, dass nach Wagner noch anderes gespielt werde.

So ernst, wie er es selber mit Wagner hielt, so verlangte er es auch von anderen, namentlich von jenen, die Wagnersche Werke berufsmässig darstellten, als Kapellmeistern, Regisseuren, Sängern, und mit diesen kam sein reiner Idealismus, mit der Wagnerpraxis des Theaters sein Gefühl für die Ehrfurcht, die man dem Meister schulde, in scharfe Konflikte. Wo er Gleichgültigkeit gegen die Absichten des Kunstwerkes sah, empörte er sich wie über eine ihm selbst zugefügte Beleidigung, und jede Verunzierung oder Entstellung eines Wagnerschen Gedankens verfolgte er wie eine persönliche Angelegenheit. Wenn man die Kritiken durchblättert, die Hugo Wolf von 1884 bis inklusive 1887 für das Wiener Salonblatt schrieb, findet man, dass Richard Wagner an Wolf den wärmsten Anwalt, dass er in ihm einen der treuesten Wächter seiner Kunst hatte. Es sieht geradezu wie Vergeltung aus, und es ist Liebe. Von allen Referaten Wolfs sind die Wagner-Referate immer die längsten und die gründlichsten; der ganze Mensch, sieht man, ist an den Ausführungen beteiligt gewesen, ein Mensch, der an ihnen sich immer wieder auffrischte, nicht ein Kritiker, der sich müde geschrieben und stumpf geworden ist, und hinter dem winzigsten Detail ist er unermüdlich her.

Die Aufführungen am Wiener Hofoperntheater mochten dem

---

*) H. v. Wolzogen erzählt in seinen „Erinnerungen" (Leipzig, Reclam): „Wagner liebte es viel weniger, dass seine eigenen Werke oft am Klaviere durchgenommen wurden, wenn es mehr der Ergötzung, als der Belehrung zu gelten schien."

Kritiker von so gutem Herzen und so scharfem Geiste, namentlich, da er schon 1882 die Festspiele in Bayreuth mitgemacht hatte, manche Angriffsfläche bieten. Um die Mitte der achtziger Jahre des vorigen Jahrhunderts hatte Wagner allerdings bereits den Primat auf der Bühne des Hofoperntheaters errungen. Jauner war es gelungen, den Ring des Nibelungen für sein Institut zu gewinnen, und gleich nach den ersten Bayreuther Festspielen, im März 1877 fand die „Première" der Walküre in Wien statt, im Januar 1878 kam das Rheingold, im November 1878 kam Siegfried (mit Frau Materna und Ferd. Jäger) heraus, und die Erfolge schienen Wagner selbst zu überraschen,*) umso mehr, als die kritischen Widerstände, die seine Kunst, wie jede neue, fand, gerade in Wien besonders stark und andauernd waren. Und Wagners Einzug in Wien wird ein Siegeszug. 1883 erscheint Tristan und Isolde im Hofoperntheater, und wird in diesem Jahre elfmal gegeben, dasselbe Werk, das Wagner mehr als zwanzig Jahre früher — gegen eine Welt von Hindernissen — durchzusetzen sich vergebens bemüht hatte. In der Saison (Juli) 1883 bis (Juni) 1884 beherrscht Wagner bereits den Spielplan des Hofoperntheaters: er ist mit 10 Werken, die 57 mal aufgeführt wurden, allen anderen Komponisten voraus, von denen Meyerbeer die zweite, Verdi die dritte Stelle einnimmt, eine Rangordnung, die den Geschmack der Zeit erkennen lässt. Aber trotz dieser Häufigkeit oder vielleicht eben wegen dieser Häufigkeit ist die Pflege der Wagnerschen Kunstwerke nicht durchwegs stilvoll. So gute musikalische Mittel zur Verfügung standen — der beste Künstler war das Orchester, und im Solistenensemble stand eine Reihe hervorragender Individualitäten — so wenig wendete man sie zu streng musik-dramatischen Aufführungen an. Noch war die ältere, von romanischen Einflüssen durchsetzte Theaterkultur lebendig, es war eine Über-

---

*) So schreibt Richard Wagner an Franz Jauner unterm 18. Nov. 1878: „Glauben Sie, ich bin blind für die Bedeutung dieser Erfolge? ... Solch eine wirklich und vollständig gefallende Aufführung z. B. eben des Siegfried bei dem Wiener Opernpublikum ist ja — denken Sie doch nach — etwas noch vor 10 Jahren als unerhört Geltendes ..." In „reinster Vollständigkeit" seien seine Werke allerdings nur in Bayreuth zu sehen, fügt Wagner hinzu. („50 Jahre Hoftheater" von R. Lothar und J. Stern. Wien u. Magdeburg 1898—1900 pag. 137 u. ff.)

gangszeit und alle die Reformen des deutschen Meisters, die sich auf Sänger, Dirigenten, Regisseure und — Zuhörer erstreckten, machten die ersten Anfänge, sich durchzusetzen. Direktor des Operntheaters war seit 1880 Wilhem Jahn,*) ein Musiker, dem vor allem die Fähigkeit der plastischen Bühnengestaltung nachgerühmt wird, wenn er später auch mit einer gewissen Behäbigkeit die Dinge führte. Die Wageraufführungen litten unter ihm an manchen kleineren und grösseren Mängeln; es gab keine strichlosen Aufführungen,**) und mit wenigen grossen Ausnahmen, waren die Sänger nicht immer gewohnt, die Aktion aus dem Geiste der Musik sich entwickeln zu lassen, mimische Bewegungen von Bedeutung mit dem Instrumentalfiguren in Übereinstimmung zu bringen, und so trugen die Aufführungen oft noch fremde opernhafte Züge. Mochte dies dem Gros der Zuhörer auch weniger auffallen, ein feines Auge und ein feines Ohr wie das Hugo Wolfs und ein für Wagner warm schlagendes Herz wie das seine mussten hier manches als störend empfinden.

Im Gegensatze zu Kritikern der älteren Schule ist Hugo Wolf als Kritiker für Wagner besorgt — nun sieht man es in voller Deutlichkeit: wie für einen „abwesenden Freund", dessen Wort unversehrt zu erhalten ihm eine der höchsten Pflichten ist. Und er erhebt seine Stimme oft zu lautem Tadel; es seien hier einige kritische Glossen wiedergegeben, mit denen Wolf Aufführungen am Hofoperntheater begleitet. Er hatte eine Lohengrin-Vorstellung be-

---

*) Jahn war 1835 geboren; in der Praxis verschiedener Bühnen reifte er zu einem vorzüglichen Dirigenten. Er wurde von Wiesbaden nach Wien berufen, und verblieb im Amte bis 1897. Er ist am 21. April 1900 gestorben.

**) Wagner schrieb selbst an Jauner: „Von der Vernunft der Sache geleitet bin ich der erste gewesen, der für gewöhnliche Theateraufführungen Kürzungen angab ... Dass ich dies für nötig halten muss, ist allerdings auch der Grund, weshalb ich weder selbst diesen Aufführungen beiwohne, noch auch gerne von den Einzelheiten solcher Veränderungen näher berichten höre." Und speziell auf das Wiener Opernpublikum Bedacht nehmend, äussert sich Wagner über Abstriche weiter: „O, wie sehr begreife ich es, dass der Wiener, namentlich vom Parquetsitze aus — um 11 Uhr endlich was Gutes essen und trinken will! Nein, nein! Das verstehe ich vollkommen; und gestehen wir es uns zu: Es ist unsinnig von einem städtischen Theater-Abendpublikum, selbst für seinen Genuss Anstrengungen zu verlangen, welchen vorzubeugen ich eben ja meine Bayreuther Bühnenfestspiele eigens erfunden habe." (Aus dem oben cit. Werk.)

sucht, und den Eindruck mitgenommen, dass der Dirigent „nicht immer das richtige Tempo getroffen" habe, und „auf das p und pp der Chöre mehr Sorgfalt hätte verwenden" können. Dann aber fährt er heftiger fort:*)

„Was war das wieder für eine Regie in der vierten Scene des zweiten Aktes! Welche Nachlässigkeit! Die Musik solle das feierliche Fortschreiten Elsas und ihres Gefolges begleiten, aber weder Elsa noch ihr Gefolge sind am Platze. Um dreissig Takte zu spät treten sie endlich auf und nun wird gehetzt, um das Versäumte nachzuholen. Dergleichen wirkt sehr störend und soll nach Kräften vermieden werden."

Gleich in derselben Kritik nimmt er den Sänger des König Heinrich scharf aufs Korn, weil er in dessen Haltung Nachlässigkeiten zu bemerken glaubte; und er schreibt:

„Herr X. mag vom Deutschen Reiche halten was, und über das Deutsche Reich denken wie er will, er mag den König Heinrich für einen Einfallspinsel, die Deutschen für Pickelhäringe ansehen, er mag immerhin einem Brustton, der sitzt und auf dem sichs gut überwintern lässt, mehr Bedeutung beilegen, als dem Lohengrin und den übrigen Werken Wagners — das ist seine Sache, die mit der unsern nichts gemein hat. Wenn wir aber gemeinsame Sache führen, da hat allein der Dichter oder der Komponist, oder der Dichterkomponist zu dominieren; der Sänger ist nur das Organ des Komponisten und der verständigere Teil des Publikums möge über beide urteilen."

Eben in dieser Kritik — sie liefert Musterbeispiele für Wolfs Wagnertreue — wird aber eine Tristan-Vorstellung besprochen, in der der Sänger des Kurwenal offenbar seinen Part mit Portamenti ausgestattet hatte. Da runzelt Wolf sogleich die Stirne und weist den Sänger an, sich vor allem den Vorschriften des Komponisten zu fügen:

„Sein Haupt doch hängt im Irenland, als Zins gezahlt von Engelland — singt Herr Sommer stets falsch. Warum singt er die auf die Präpositionen „in" und „von" fallenden Noten g und a mit einer Bindung auf die ersten Viertel der zwei nächstfolgenden Takte d und es? So heisst es nicht in der Singstimme und der Kapellmeister hat darauf zu sehen, dass von den Sängern kein Unfug getrieben werde ..."

Besonders tüchtig liest**) Wolf aber einem Sänger die Leviten, der damals, als Landgraf im Tannhäuser gastierend, sich erlaubt

---

*) Wiener Salonblatt vom 8. Juni 1884.
**) Wiener Salonblatt vom 15. Juni 1884.

hatte, die Wagnerschen Verse nach seinem Belieben abzuändern. Er nimmt sich kein Blatt vor den Mund:

„Was mir ... an Herrn Y. gründlich missfallen hat, war die willkürliche Verdrehung Wagnerscher Verse. Entsprangen diese eigenmächtigen Varianten aus der Treulosigkeit seines Gedächtnisses, und behalf er sich dabei mit einer raschen Anleihe an seinem poetischen Wörterkram — gut. Ich will seine Geschicklichkeit in solchem Falle loben. Geschah dies Falsum aber aus dem Grunde, weil Herr Rg. der Tonentfaltung wegen seine eigene Textunterlage für zweckdienlicher erachtete, als die ursprünglichen des Dichterkomponisten, dann möge Herr Y. bei den Menschenfressern und Feueranbetern gastieren, da ein Barbare unter Barbaren hingehört, ein gebildetes Publikum aber ... mit dergleichen Freveltaten zu verschonen ist. Ich begreife nur nicht, dass der Kapellmeister solchen Unfug von seite der Sänger hingehen lässt."

Ein andermal wieder entwickelt er ausführlich den Charakter der Isolde, um die Wagnersche Frauengestalt gegen die missverständliche Primadonnen-Auffassung einer Sängerin in Schutz zu nehmen. Man sieht, wie lebendig ihm Wagners dramatische Absichten sind, wenn er schreibt:*)

Frau Materna, sowie Frau Sucher haben den Charakter der Isolde weit richtiger erfasst, als Frl. X., welch letztere aus der Isolde ein Mannweib schuf; eine Auffassung, wie sie nicht irriger sein konnte. Die vom Dichter gezeichnete Isolde ist ganz nur Weib, das zu Tristan in Liebe entbrannte, von ihm aber zurückgestossene, verleugnete, verletzte, verhöhnte Weib. Nie aber ist eine Frau weiblicher, als wenn sie liebt und Isolde liebt von der ersten Scene an bis zum Liebestod. Isolde schäumt, rast, tobt, wütet, flucht — wem? ihrem Liebsten; weshalb? weil sie ihn liebt. Isolde ist ferner viel zu viel Weib, d. h. sie liebt Tristan viel zu sehr, um sich so verstellen zu können, dass es den Anschein habe, als wäre er ihr ganz gleichgültig. Ihre kalten, höhnischen Reden stimmen schlecht zu dem heftigen Pochen ihres Herzens, zu dem ungestümen Drängen nach dem Sühnetrank, zu den nichtigen Ausflüchten und diplomatischen Kniffen, die sie gebraucht, um die unerschütterliche Ruhe Tristans wankend zu machen. Ach! sie liebt ihn nur zu sehr, sie ist nur zu weiblich. Wozu also diese hoheitsvollen, abweisenden Mienen, diese kalten Blicke, diese abgezirkelten Bewegungen, dieses starre herbe Wesen überhaupt? ..."

Besonders aber hasste Wolf die „Striche", die man in Wagners Opern anbrachte, und die die logische Abfolge mancher Scene zu zerstören geeignet waren. Das konnte ihn ganz ausser Rand und

---

*) Wiener Salonblatt vom 25. Januar 1885.

Band bringen. Er dachte nicht so milde wie Wagner von dem Opernpublikum, das um 11 Uhr doch auch „was Gutes essen" möchte, er war da wagnerischer als Wagner, sein Idealismus stärker als die kluge Praxis; aber er empfand, was das Kunstwerk anlangt, ganz und gar wagnerisch, und wie der Meister sich über die Striche im 3. Akte des Siegfried beklagt hatte, die Frau Materna um alle die „zarten Übergänge" brachten, welche er ihr einstudiert hatte, so beklagte sich Hugo Wolf über eine Aufführung von Tristan und Isolde, in der Herr Vogl gastierte, und in der der Künstler eben durch Striche verhindert gewesen sein mochte, die Darstellung des Tristan in aller Breite zu entfalten. Da setzt er sich denn nieder und macht seinem empörten Herzen in folgendem Ausbruch Luft. Man sieht aus den Zeilen sein zornfunkelndes Gesicht:

Nur flink und dreist den Stift geführt — alles andere findet sich. Bei den Indianern wird am höchsten respektiert, der die grösste Anzahl abgehäuteter Skalpe aufweisen kann. Ganz gewiss geniesst unter seinen Kollegen auch derjenige Kapellmeister das grösste Ansehen, der die Partituren am meisten schindet, der sich rühmen kann, mit dem Rotstift (Rotstift! wie bezeichnend! Der Stift rötet sich in dem Herzblut der Partituren, er wühlt in deren edlen Teilen) nicht nur die Kopfhaut, sondern gleich den ganzen Kopf zusammt den Füssen der Handlung rasiert zu haben. Die Indianer begnügen sich mit dem Skalp und sind Wilde. Die Kapellmeister zerfleischen ihre Opfer und sind gemeinhin Civilisierte, ja, wollen auch Künstler sein. Künstler! —

Herr Vogl konnte also auch nicht Wunder wirken. Der geistreiche Strich zwang den Darsteller sich so unnatürlich als möglich zu geben, wobei die Schuld selbstverständlich nicht Herrn Vogl trifft, dieselbe lediglich nur der Kapellmeister zu verantworten hat. Der Strich beginnt nach der Frage Tristans: „Müht Euch die?" und endet drei Takte vor den Worten „War Morold dir so wert" etc. Die Stelle „müht Euch die" klingt wie leiser Hohn auf den vorhergehenden Ausruf Isoldens „Rache für Morold".

Was also konnte Tristan plötzlich bleich und düster machen und, also gestimmt, ihn bewegen, Isolden das Schwert zu geben, den rächenden Streich auf ihn zu führen. Doch nicht der leidenschaftliche Ausbruch Isoldens „Rache für Morold!" da er daraufhin nur mit kaltem Hohne erwidert. Hingegen scheint die Düsterkeit Tristans sehr begreiflich, wenn Isolde ihm die Trefflichkeit des hehren Iren-Helden, ihres Angelobten, der für sie in den Streit zog, mit dessen Fall auch ihre Ehre fiel — u. s. w. entgegen hält. Diese Auseinandersetzung motiviert allerdings die Trauer, die Resignation in den Worten Tristans: „War Morold dir so wert" u. s. w. Allein man fand es für gut, diese Stelle nicht nur in der Partitur, sondern auch in der Dichtung zu streichen, dass es auch darin recht düster hergehe u. s. w.

Zum Schluss*) nennt er noch den Dirigenten einen „Taktschläger", ein „Metronom": gewaltig schäumt sein Zorn über die stillose Aufführung auf; und ist der also Hergenommene auch ein durchaus hochzuschätzender Musiker gewesen — er ist schon verstorben — und war er für den getadelten Usus gewiss allein nicht verantwortlich, denn dieser wurzelte, wie wir sahen, mehr in der Zeit als in Personen, so hatte Wolf der Sache nach gewiss Recht. Er konnte sich mit den Abstrichen nicht befreunden, deren „Theorie" übrigens schon Goethe, der Allsehende, klug entwickelt hatte.**)

Noch von einer anderen Seite möge Hugo Wolfs Wagner-Anschauung hier betrachtet sein, der er in dem Bayreuther Meister wohl die herrschende Persönlichkeit der Zeit sah, aber keinem Künstler, durch sich selbst nicht, einräumen wollte, sich von ihm beherrschen zu lassen. Streng dachte er von der Souveränetät des künstlerischen Ichs, früh suchte er schon mit der Seele das Land Selbständigkeit, er duldete zwar nicht, dass ein Schaffender an Wagner vorübergehe — dass es Johannes Brahms zu tun schien, war mit der Hauptgrund, warum Wolf ihn bekriegte — aber er dachte schlimm über Wagner-Imitation, über Künstler, die in Wagner aufgehen, und schnitt schiefe Gesichter zu Partituren, in denen Wagnersche Kombinationen wie Tapetenmuster verwendet zu sein schienen. Wolfs Kritik über die Serenade eines namhaften englischen Komponisten, die als Novität im philharmonischen Konzert aufgeführt wurde, möge selbst das weitere sagen. Sie lautet:***)

„Ausser der türkischen Musik fehlen nur noch die vier Wagnerschen Tuben, allenfalls noch vier Glocken, um die nötige Stimmung für ein Abendständchen im Publikum zu erzeugen. Es ist wirklich erstaunlich, wie weit das Gros unserer modernen Komponisten ohne Grund und Ursache über die Grenzen

---

*) Wiener Salonblatt vom 31. Mai 1885.
**) In dem Gespräche Wilhelms mit Serlo über Hamlet („Wilhelm Meisters Lehrjahre" V. Buch. 4. Kapitel). Es ist hochinteressant mit welchen Argumenten Direktor Serlo seine Hamlet-Kürzungen verteidigt. Er rechtfertigt sie vor allem mit dem Geschmacke des Publikums: „Wenig Deutsche, und vielleicht nur wenige Menschen aller neuern Nationen haben Gefühl für ein ästhetisches Ganze; sie loben und tadeln nur stellenweise, sie entzücken sich nur stellenweise..."
***) Wiener Salonblatt vom 16. März 1884.

der musikalischen Mittel und der Form sich hinwegsetzt. Gewöhnlich heisst es dann: das sind die Folgen der Wagnerschen Musik, die verdreht den jungen Leuten die Köpfe, keiner tut's mehr ohne grosses Orchester u. s. f."

Und er fährt mit einem sardonischen Lächeln fort:

„Allen denen, die solches sinnloses Zeug schwatzen, empfehlen wir, den zehnten Band der gesammelten Schriften Richard Wagners in die Hand zu nehmen und darin den Aufsatz „Über das Dichten und Komponieren" sich so recht gründlich anzuschauen und da nichts halb getan sein soll, auch dem nächstfolgenden Kapitel „Über das Opern-Dichten und -Komponieren im Besonderen" die nötige Aufmerksamkeit angedeihen zu lassen. Vor allem aber mögen sämmtliche Komponisten wie sie jetzt leben und schreiben (Liszt gilt als die einzige Ausnahme), ehe sie sich gedankenschwer in die Haare fahren und ins Blaue hineintieren, die erwähnten zwei Aufsätze sich ins Gedächtnis zurückrufen, oder wenn sie dieselben noch nicht gelesen, rasch, bevor es noch ein Unglück gibt, damit bekannt sich machen ..."

Nach dieser Kunstpredigt, die hier nicht in ihrer vollen Ausdehnung wiedergegeben ist, bringt unser wackerer und unerschrockener, kritischer Abraham a Santa Clara dem unglücklichen Serenaden-Komponisten das Wagnersche Siegfried-Idyll, das er so sehr liebte,*) in Erinnerung:

„Das ist ein sehr ernstes Stück und ganz und gar nicht aus Spass komponiert. Man sehe sich das Orchester an: eine Flöte, eine Hoboe, eine Klarinette,**) ein Fagott, ein Horn, eine Trompete und das Streichquintett. Nun? Klingt es nicht doch recht hübsch, auch ohne die Verdoppelung der Holzbläser? ohne die üblichen vier Hörner und zwei Trompeten? ohne Pauken? welche knappe, einheitliche Form, und freilich nicht zu vergessen den Inhalt! konnte man dieses Stück wohl anders betiteln als Idylle? und worin liegt die treffende Charakteristik? Weil Wagner damals nicht die Absicht hatte eine Symphonie zu schreiben und wenn's damit nicht gegangen wäre, das angefangene Stück kurzweg Idylle zu taufen. Er wollte eben nur eine Idylle und nichts, gar nichts anderes komponieren ... Wer wird aber in der Novität von ... eine

---

*) Wolf ist einmal ganz empört über das rasche Tempo, in dem das Siegfried-Idyll aufgeführt wurde, und er nimmt sich seines Lieblings aufs wärmste an: „Wer im letzten philharmonischen Konzert dieses himmlische Stück zum erstenmale gehört, konnte unmöglich ein richtiges Bild von dem lieblichen Stimmungszauber, der sich wie goldiger Maienschein über dieses duftige Tongemälde ausbreitet, gewonnen haben." (Wiener Salonblatt vom 27. März 1887.)

**) Ein Flüchtigkeitsfehler: die Partitur enthält zwei Klarinetten und zwei Hörner, was aber am Wesen der Darlegung nichts ändert.

BRIEFFRAGMENT VON HUGO WOLF (1891)

Serenade herausfinden, auch wenn sie als solche auf dem Programm steht? Da ächzt das Holz, die Pauken dröhnen, das Blech kreischt, die Haare vom Fiedelbogen fliegen wie Geistererscheinungen in der Luft ... was soll dieses absurde Getöse in einer Serenade?"

Das Todesurteil, welches Wolf hier über ein Werk verhängt, das ihm ein missverstandener Wagner zu sein scheint, zeigt die Gesetze aufs Deutlichste, nach denen der Richter den Spruch fällte: es sind die, die Richard Wagner in seinen kunstkritischen Schriften aufgestellt hat. Diese Bücher bilden den Canon des Kritikers Wolf; der Wagnersche Gedanke ist das Gerüst, auf dem sich Wolfs Kunstanschauung erhob. Und dabei blieb es. Wie die Nadel am Kompass immer nach dem Norden zeigt, so verharrt Wolfs Denken und Fühlen in der Wagnerschen „Richtung".

Auch die Persönlichkeit Richard Wagners übte auf Wolf ganz eigentümliche Reize aus. Jemanden verehren, heisst: es ihm gleich tun wollen. Oder in diesem Falle: Wolf war von Wagnerverehrung so durchdrungen, dass selbst seine kleinen menschlichen Züge bald die Hausfarben des Meisters trugen, dass der Jünger von dessen Gewohnheiten einiges annahm. Ein Ähnlichwerden, kein Kopierenwollen im groben Verstande. So wird erzählt,[*] dass Hugo Wolf gerne mit einer goldenen Feder seine Arbeiten niederschrieb, wusste er doch von Wagner, dass er sich einer goldenen Feder bediente, die ihm Frau Mathilde Wesendonck einst zum Geschenk gemacht hatte. Und um des Zusammenhanges willen, sei hier erwähnt, dass Wolfs Handschrift bald einen Duktus bekam, der an den graziösen, feingeschwungenen Charakter der Handschrift Wagners gemahnt, und man braucht nur Briefseiten aus der Knabenzeit neben Briefseiten etwa aus dem Anfang der achtziger Jahre zu legen, um den reizvollen „wagnerischen" Einfluss auf den schreibenden Wolf zu erkennen.

Und doch — jedes ausgesprochene Wort erregt den Gegensinn — es wäre irrig anzunehmen, dass der Geist Wagners den Hugo Wolfs einfach aufgesaugt hätte, dass die Hingabe Wolfs ein Sichweggeben, ein Aufgeben seines Selbst gewesen sei. Wolf war eine viel zu starke, scharfe Individualität, als dass er fremdes Blut hätte vertragen können. So wie seine Handschrift bei aller Ähnlichkeit ihre feine eigene Linie

---

[*] Übereinstimmende Mitteilung Fr. Ecksteins und Ed. Hellmers.

behält, so behält der Künstler seine eigene Physiognomie, und schreibt ureigne Laute mit Wagners goldener Feder. Ja, in späteren Jahren — werden wir sehen — hört er gewissermassen auf, „wagnergerichtet" zu sein, als Opernkomponist sagt er sich: „Los vom Wagnerschen Musikdrama," bei aller Submission vor dem „Obergotte," den zu lieben er niemals unterlassen konnte. Er huldigte dem Monarchen und blieb ein freier Bürger.

Gewiss war Wolf das Kind jener Zeit, die Wagner hervorgebracht hat, und der Duft der Zeitstimmung hängt an seiner geistigen Tracht. Man kann Hugo Wolf namentlich als Kritiker nicht verstehen, wenn man ihn nicht aus der Kampfzeit der Wagnersache heraus versteht. Und vom Künstler lässt sich feststellen: Wolfs Weg führte durch den Strom der Wagnerkultur mitten hindurch, aber er landete am Ufer der Selbständigkeit. Er hat viel von Wagner gelernt, namentlich was die Deklamation anlangt, aber weit stärker als irgendwelche rein musikalische, ist die allgemein geistige Befruchtung Wolfs gewesen. Seine moderne Harmonik ist lange nicht so „wagnerisch," als der Gebrauch, den er von ihr macht. Die Halbtonfortschritte seiner Musik sind nicht so charakteristisch, als, wo er sie anwendet und wo er sie nicht anwendet, der er, wenn es der dichterische Gedanke verlangte, in der einfachen Diatonik verharrte. Und namentlich seine Stellung zum „Texte" zur dichterischen Grundlage ist charakteristisch. Er liest sich die Worte hundertmal, bevor er sie komponiert, er liest sie wieder vor, bevor er seine Komposition vorspielt; die Verse sind ihm das Primäre, das, worauf er zuerst sieht, wie Richard Wagner etwa nach dem Textbuche zuerst fragte, wann ihm jemand die Partitur einer neukomponierten Oper vorlegte. Und endlich ist die eigentümliche Erweiterung, die er der gesungenen Lyrik gegeben hat, die Erhebung zur anschaulichen Scene, die Quasi-Dramatisierung des lyrischen Gedankens wohl der beste wagnerische Einfluss: es hat hier die Beeinflussung der Liedform durch die Bühne stattgefunden, wie sie übrigens nicht ganz vereinzelt dasteht. Es sei gar nicht verkannt, dass nicht nur von der Seite der Wagnerschen Bühnenkunst, sondern auch von den lyrischen Vorläufern Wolfs Einflüsse auf ihn ausgingen, und man wird eine Kunst wie die Löwes und Schumanns als besonders mitbildend nicht übersehen dürfen. Aber was ihn so recht auf sein eigenes Postament gesetzt hat, war die Kraft wagnerischer Gedanken. Und weil er sich dieser, ohne die Formensprache Wagners nachzuäffen, bediente, ist er ein Original der nachwagnerschen Zeit geworden. Die Essenz seiner Kunst ist aus verschiedenen Kräutern gewonnen, aber sie ist echt. Denn Wolf „brauchte nur zu empfinden", und er hatte schon „das Ursprüngliche gefunden".

Wenn man in einen Satz konzentrieren will, was Richard Wagner für Hugo Wolf — abgesehen vom Rein-Persönlichen — gewesen ist, so wird man nichts besseres finden, als die Strophe, die Richard Dehmel an Max Klinger gerichtet hat:

> Du hast uns mehr als Leben —
> Du hast uns aus dem Geist,
> Der alles Leben speist —
> Eine Welt gegeben.

Das klingt uns wieder, wenn wir die Nekrologe lesen, die Hugo Wolf in schönen Briefen auf den Tod des Meisters schrieb. Hier ein Brief, der an eine „mütterliche Freundin" gerichtet ist, wie Ed. Hellmer angibt:*)

„Er starb, ein Mensch, wie alle."
(3. Akt: Parsifal.)

„Ihre herzliche, warme Teilnahme an meinem Schmerze über den Tod unseres Meisters, so wie auch Ihr Bedauern über das Hinscheiden des Verewigten hat mich sehr wohltuend berührt. Welcher Mensch stand ihm nicht nahe? Der eine „für", der andere „gegen". Keiner jedoch konnte sich dem unwiderstehlichen Zauber seiner künstlerischen Erscheinung entziehen, und so fühlen in diesen traurigen Tagen wohl alle den herben Schmerz über den Heimgang dieses grossartigen, erhabenen Monarchen im Reiche der Künste, der uns, sein künstlerisches Vermächtnis als heilige Labung zurücklassend, nun über seinen Tod hinaus für ewig ein Tröster in unserer Herzensnot und ein Befreier aus der gemeinen Nüchternheit unserer Zeit bleiben wird. Sein hohes Andenken treu bewahrend, seiner Lehren und Taten pflegend, mögen wir uns als würdig und wert seines einstigen Erdenwallens erweisen."

---
*) Deutsche Zeitung vom 3. 4. 1901.

Daraus zittert ein verhaltener Schmerz und klingt ein unterdrückter Wehlaut; ein grosses Herz trauert um einen grossen Geist. Und es sei noch ein zweites Schreiben beigefügt, in welchem derselbe Verlust in anderen, drastischeren Gedanken beklagt wird, ein Schreiben, in dem ein geheimnisvolles Beieinander von Traum und Wirklichkeit webt. Einige Tage nach dem Tode Wagners wendet sich Wolf an Felix Mottl mit folgenden Worten,*) und wir blicken in seine innerste Seele, wenn wir lesen:

„Gestern hat J. die Wagnersche Faust-Ouvertüre schändlich verhunzt — war vorauszusehen; wurde auch sehr kühl vom Publikum aufgenommen. Hingegen das nächste Stück (Adagio aus dem g-moll-Quartett von Mozart, von sämtlichen Streichinstrumenten ausgeführt — mit den gewissen pppppppppp - Spässchen) stürmisch applaudiert; es klang wie eine Demonstration gegen den verstorbenen Meister, von dem ich übrigens heute geträumt, dass er nur scheintot sei (aber nicht im wirklich geistigen, sondern im rein physischen Sinne). Wir sprachen hierauf lange miteinander, dabei klagte er über beständiges Unwohlsein. Es war im selben Zimmer in Wahnfried, in welchem ich schon ein andermal im Traum mit ihm verkehrt, als er mir seine chinesischen Vasen und Figuren mit sichtlichem Behagen vorzeigte. Wie eigentümlich! Noch heute kann ich kaum glauben, dass der Mann tot ist, **der uns elende Lehmpatzen erst zu Menschen gemacht hat.**

Sie sind ein vielbeschäftigter Mann und sollen an meinem Geschwätz Ihre kostbare Zeit nicht büssen, dahero sich Ihnen zu Gnaden empfiehlt und respektvoll verharrt in der tiefsten Kontraoktave

Ihr treu ergebener
Hugo Wolf."

Wien, am 26. Februar 1883.

---

*) Der — bis jetzt unveröffentlichte — Brief beginnt mit der Erörterung einer Verleger-Angelegenheit, die uns noch beschäftigen wird.

IV. Kapitel.
Jahre der Bohême.

Es beginnt die Passionszeit eines deutschen Künstlers. Das Leben Hugo Wolfs in Wien etwa von 1875 bis ins Ende der Achtzigerjahre ist ein Roman von der Sorge und der Entbehrung. Jung war Wolf in die Grossstadt gekommen, und in ihren Reichtümern und Üppigkeiten sass er, ein armer Gast, an ungedecktem Tische. Arge Jahre zogen herauf, Jahre, in denen er erst einen Sack voll Erfahrungen sammeln und die Kunst, „auf eigenen Füssen stehen", lernen musste; und in der Tat, er hat die blutig schwere Kunst unter tausend Widrigkeiten erlernt, er ist ein self made man geworden, hart und fest vom Schmied Schmerz gehämmert.

Wolf war in seinen ersten Zeiten auf die Unterstützungen angewiesen, die ihm vom Vaterhause nachgeschickt wurden, und die ein kleines Nadelgeld bildeten. Einen Husch in der Not fand er zudem bei Freunden, wie Felix Mottl und Adalbert von Goldschmidt, durch deren Verbindungen und Vermittelungen er Lektionen in Wiener Familien bekam. Selbst noch Schüler des Konservatoriums, gab er anderen Unterricht; so begann er auf der untersten Stufe des Künstlerlebens, in der letzten Rangklasse: als Violin- und Klavierlehrer.

Zwar hatte er sich der gewonnenen Freiheit zuerst selig in die Arme geworfen. Nun war er Musiker geworden, Musiker in Wien! „Aber gleichwohl," es sei hier Edmund Hellmer*) das Wort gegeben: „ist von dieser Freude nur ein schwacher, fast unmerklicher Widerhall in den Briefen zu finden, die er bald nach seiner Ankunft in Wien an den Vater und die Mutter richtet. Der Ton ist vielmehr ein wenig zaghaft, fast schüchtern zu nennen, gleichsam gedämpft,

---

*) Feuilleton der Deutschen Zeitung vom 20. Nov. 1900.

als sollte ein volles, lautes Frohlocken die Eltern nicht verletzen, die so schwer ihre Einwilligung gegeben. Und von allem Guten, von seinen kleinen, kleinsten Erfolgen berichtet er nur andeutungsweise, wie in leiser Beschämung, von unüberwindlichen Hindernissen, die sich dem jungen Musikschüler auf seinen neuen Wegen entgegenstellen, spricht er nur notgedrungen und auch dann förmlich schuldbewusst, als fürchte er die Antwort der Eltern: ‚Du hast es selbst gewollt!' Vollends aber, wenn er die Unterstützung des Vaters in Anspruch nehmen muss und, wie er — wohl noch in Erinnerung an Cäsars bellum gallicum — sich ausdrückt, um ‚Subsidien' zu bitten gezwungen ist, merkt man seinen Worten den Kampf an, den ihn eine solche Bitte kostet. Und als wollte er sie vor den Eltern und vor seinem eigenen, unbändigen Stolz rechtfertigen, erzählt der Fünfzehnjährige von seinen so oft vergeblichen Bemühungen, Lektionen zu erhalten und gibt mit gleichsam fliegendem Atem Versicherungen, wie „sich schon in nächster Ferne alles zum Guten wenden und er den Eltern nicht mehr zur Last fallen werde".

So finden sich in einem Briefe, den Wolf gleich am Tage nach jener berauschenden Tannhäuser-Vorstellung, am 23. November 1875, mithin in der ersten Wagner-Seligkeit schrieb, folgende charakteristische Stellen:

„Ich habe durch Herrn G. eine Instruktion erhalten, u. zw. unterrichte ich einen Ingenieuren in Violin und bekomme für die Stunde einen Gulden. Ich gebe ihm drei Stunden in der Woche. Heute gebe ich ihm die dritte Stunde. Ich bitte Sie recht schön, schicken Sie mir nur noch für diesen Monat das Geld. Späterhin brauchen Sie mir keines zu schicken . . . . . Opfern Sie sich nur diesmal noch, und nie mehr soll eine Bitte um Geld an Sie gerichtet werden."

Wie gross seine Fertigkeiten auf der Geige waren, ist mir nicht bekannt; aber jedenfalls fand Hugo Wolf Leute, die weniger konnten als er, und diese hat er eben unterrichtet.

Das Leben hat Hugo Wolf wahrlich nicht auf seidene Polster gesetzt, es hat ihn rauh und grob angepackt. Freilich konnte er damals, als er selbst der Welt noch nichts oder nur Geringes geschenkt hatte, von ihr nicht viel mehr als gute „Stunden" verlangen.

Und es sollen hier auch gar keine Sentimentalitäten erweckt werden. Der Weg zur Grösse fängt sehr tief unten an, und stöhnen und keuchen muss einer, ehe er Höhenluft gewinnt. Aber man muss auf die harten Hände des Schicksals hinzeigen, weil es erst dann zu begreifen ist, dass Wolf selber nicht so glatt und fein abgeschliffen aus dem Krieg mit dem Leben hervorgehen konnte, als brave Söhne, die mit Vaters Renten behaglich ihren Weg beginnen.

Und dann: es gibt eine spezielle soziale Frage der Genies; ob ein Künstler, wie Felix Mendelssohn, in einem wohlsituierten, feingeistigen Hause aufgewachsen ist oder wie Hugo Wolf in der unwirtlichen Fremde grossgezogen wurde, hat seine Bedeutung auch für die Produktion.

Darum mögen einige Briefstellen*) ihren Platz hier finden, die eine kurze Chronik liefern der „sozialen Frage" Hugo Wolfs in dem Lustrum 1875—1880.

Er schreibt am 10. April 1878 nach Hause: „Ich lese jetzt Friedrich Hebbel, dessen ausführliche Biographie, ein wahres Meisterwerk von E. Kuh, ich heute ausgelesen. Wie schlecht es Hebbel ging, welche Schwierigkeiten er zu überwinden hatte, davon kann man sich keine Vorstellung machen, und, trotzdem es mir nicht am besten geht (ich habe nämlich eine Lektion wieder verloren, weil die Kinder Dr. B.s für fünf Wochen nach Meran fuhren, und esse, da es nicht anders geht, nur einmal im Tag, u. zw. um 1 Uhr, bestehend aus Suppe, Fleisch und Gemüse), so preise ich mich glücklich, dass es nicht ärger ist. Wenn Sie daher zu den Ostern auf mich nicht vergessen wollten, namentlich mit Reinling,**) wäre mir viel geholfen. G. hat mir eine Kaffeemaschine geschenkt, auf die Art wie dem T. seine. Ich könnte dann das Gasthausessen mir leicht ersparen, wenn ich zu Mittag eine Tasse Kaffee, ein Stück Reinling und eine Schnitte Schinken oder Wurst dazu verspeiste."

Am 29. April 1879 berichtet er: „Meine Lektionen tragen mir im Durchschnitt nicht mehr als 36 bis 38 Gulden monatlich. Ein hübsches Taschengeld, aber zu wenig, um Quartier, Kost, Wäsche,

---

*) Siehe Ed. Hellmer in dem cit. Aufsatze.
**) Steirischer Ausdruck für ein sonst unter dem Namen „Gugelhupf" bekanntes Hausbackwerk.

Kleidung etc. bestreiten zu können. Wenn Sie mich nur für die zwei Monate Mai und Juni unterstützen könnten! Nächstes Jahr hoffe ich mein sicheres Auskommen zu finden und werde Ihnen ja nicht zur Last fallen."

Um diese Zeit ist Wolfs Situation besonders schlimm und er bekennt den 10. Mai desselben Jahres: „Ich lebe schon seit einiger Zeit wieder von Butterbroten, aber das ist noch immer nicht so arg, als das Bewusstsein, kein Geld in der Tasche zu besitzen."

Einmal hatte er nur „zwei Kreuzer noch im Vermögen" und musste sich „Marken ausleihen", damit er den Eltern schreiben kann. Das schrieb er am 17. Juli 1880, in seinem 20. Lebensjahr. So spielte ihm das Leben in der Grossstadt mit. Und doch, er konnte diese Stadt, so knauserig sie gegen ihn auch war, nicht lassen, er musste ihre Luft atmen, wenn er leben wollte. Darum schrieb er aus Windischgraz, wohin er um diese Zeit einmal zurückgekehrt war, an Felix Mottl einen inständigen Brief:*) „Ich bin leider schon wieder genötigt, Sie mit einer Bitte zu bestürmen, ersuche aber im Vorhinein dieselbe nicht auf die leichte Achsel zu nehmen." Der Vater, heisst es da, sei infolge schlechter Geschäftsgänge jetzt nicht imstande, ihn „mit genügenden Subsidien" zu versorgen und „ich kann nicht früher nach Wien zurück, als bis mir nicht einige Lektionen in Aussicht sind**) . . . . . Ich bitte mir auf diesem Wege freundschaftlichst entgegenzukommen, und bin Ihnen in Wien zu jedem Gegendienst bereit. Vorher aber bitte mir baldigst zu schreiben, ob ich auf Erfüllung meiner angedeuteten Bitte hoffen darf!"

Dieses wird nicht das einzige Gesuch gewesen sein, das er verfasste. Seine Freunde gingen ihm dann auch mit Empfehlungen an die Hand, obwohl sie in Hugo Wolf mehr einen mutlosen Künstler, als einen hervorragenden Pädagogen empfohlen haben. So übernahm Wolf im Jahre 1876 den Klavierunterricht im Hause des Dr. J. B. in Wien, von dem in dem oben mitgeteilten Briefe vom 10. April 1878 die Rede ist; und der Vater der Kinder schilderte den Lehrer im folgenden: „Er sah noch viel jünger aus, als er war; die prächtige Stirn, die festblickenden Augen und der energische Mund riefen

---

*) Bis jetzt unveröffentlicht.
**) Der folgende Teil des Briefes ist oben, Seite 60 mitgeteilt.

BRIEFFRAGMENT VON HUGO WOLF (1899)

trotzdem die Vorstellung eines bedeutenden jungen Menschen hervor." In dieser Familie unterrichtete Wolf längere Zeit, ohne dass er später den freundschaftlichen Verkehr hätte abgebrochen; von dem Unterrichte aber hatten den wesentlichsten Vorteil die Erwachsenen, die aus dem Umgange mit Wolf viel musikalischen Genuss zogen. Weniger die klavierlernenden Kinder selbst, ein achtjähriger Knabe und ein siebenjähriges Mädchen; sie scheinen für einen Lehrer wie Wolf nicht reif gewesen zu sein, so wie Wolf zum Kinderlehrer nicht gewöhnlich genug war. Er war zu gross, um „sich klein zu machen", sich zu bücken bis er in Kopfhöhe mit den Schülern war, und mit ihnen sah, wo die Schwierigkeit sass; und wer hätte Geduld von einem leidenschaftlichen Empfinder wie dem jüngeren Wolf verlangen können, Geduld zum Taktzählen, zu Fingersatz-Angaben und allen den kleinen Mechanismen der pianistischen Geh-Schule? Es ist charakteristisch, dass Wolf mit seinen Zöglingen bald zum Theorie-Unterricht überging, und ihnen die Kenntnis der musikalischen Grundgesetze wollte beibringen, denn in dieser höheren Atmosphäre konnte er sich freier bewegen, das sah doch eher nach Kunst aus, und nur die suchte er zu lehren, nicht das Klavierspiel.

Leider liefen ihm fast immer Schüler in den Weg, die nicht talentiert genug für ihren Lehrer waren, und so wurde ihm das Lektionieren zur Marter; er stand in einer tragi-komischen Situation, denn er musste doch leben und deshalb Stunden geben, und das Stundengeben war ihm wieder eine tödliche Qual, der er zu unterliegen meinte. So unterrichtete er u. a. in den achtziger Jahren in der Familie G.*) in Wien. Leider, berichtet ein Gewährsmann, fehlte es der Haustochter an genügendem Talent, und dem Hauslehrer an der nötigen Geduld. Wolf traktierte seine Schülerin oft recht unsanft, und, eher seinem Empfinden als äusseren gesellschaftlichen Formen gehorchend, kleidete er seine Ausstellungen nicht immer in die gewähltesten Phrasen. Ausdrücke wie „blödes Frauenzimmer" hielt er nicht zurück. Es kam auch nicht selten vor, dass er gegen eine im Klavierzimmer mit anwesende Tante der jungen Dame plötzlich eine tiefe Abneigung fasste, und die Nichte dringend aufforderte „das

---

*) An diese Familie wurde Wolf von Mottl und Goldschmidt empfohlen.

fürchterliche Weib" zu entfernen, obwohl die Tante nichts weniger als fürchterlich war. Wolf spielte mit seiner Schülerin meist vierhändig, Beethovensche Symphonieen und andere Werke, auch Lannersche Walzer. Ging's absolut nicht zusammen, so schlug er im Zorn aufs Klavier, jagte das Fräulein davon, und spielte allein stundenlang für sich hin — mit grösster Vorliebe Berlioz. Schliesslich gab Wolf den Unterricht auf. Er schrieb einen Brief an die Mutter seiner Schülerin, in dem er erklärte „er müsste zu Grunde gehen", wenn er sich noch länger „mit einem so talentlosen Wesen" befassen sollte und verzichtete auf diese Einnahmequelle.

Einen prächtigen Zug von Rechtlichkeit besass Hugo Wolf, und in seiner tiefsten Armut behielt er einen unbeugsamen, königlichen Stolz, der es ihm verwehrte, irgend etwas anzunehmen, das er sich nicht selbst erarbeitet hatte. Wenn er auch seine Freunde um Lektionen bat, jeden Versuch, ihm anderweitig „entgegenzukommen", wies er ab, und verhielt sich immer borstig und ablehnend, wenn einer ihn „mit Liebesgaben locken" wollte. Auch jene Familie G., in der er unterrichtete, hat es erfahren. Da die Stunden in die Mittagszeit fielen, lud die Hausfrau Wolf öfter ein, zu Tische dazubleiben; diese Einladung nahm er zwar an, ass aber keinen Bissen, was die Hausfrau wie eine Kränkung empfand, wusste sie doch ganz gut, dass ihn hungerte. Aber er darbte lieber, als dass er über die verabredete Gegenleistung hinaus etwas annahm.

Auch Felix Mottl hat ähnliches erlebt. Wolf kam als ganz junger Mensch ins Mottlsche Elternhaus. „Es ging ihm damals sehr schlecht. Er ass oft bei uns zu Mittag und zu Abend. Stets musste meine Mutter darauf bedacht sein, ihn nicht merken zu lassen, dass man durch solche Einladungen etwa beabsichtige, ihm eine Gefälligkeit oder Unterstützung in seiner sehr schlechten äusseren Lage gewähren zu wollen. Er wäre sofort aufgestanden und davongelaufen."*)

Dieses fast krankhaft reizbare Gefühl des Stolzes mag selbst der eigenen Familie gegenüber zum Ausdruck gekommen sein und Wolf später manche Gabe zurückgeschoben haben, die vom Vaterhause einlief. Vater Philipp hatte seinem Lieblingssohn immer gerne

---

*) Briefliche Mitteilung an den Verfasser.

einen Zehrpfennig zufliessen lassen, aber ultra posse vermochte selbst das beste und freigebigste Herz nicht hinaus, und es scheint, dass der Sohn, so dankbar er sein konnte wie wir sahen, doch einer reinen Elternliebe, ohne Zusatz von Dankbarkeit, den Vorzug gab.

So streckte er sich nach der Decke, und das konnte er wie einer. War er auch arm, er lebte in dieser Zeit seiner Bohême immer was man „in geordneten Verhältnissen" nennt. Sein Anzug und seine Wäsche waren stets blank gehalten und er erzählte Goldschmidt, wie lange er in der Morgenfrühe an seinen Stiefeln geputzt habe. Wolf ist immer, wenn wir schon in die Privatgemächer seines Lebens blicken wollen, ein Fanatiker der Reinlichkeit gewesen und die Kautschukbadewanne, die er sich später gönnte, war ihm eine Unentbehrlichkeit. Dagegen liebte er niemals die koketten Halsbinden-Genialität, denn er wollte Künstler für das innere Forum, nicht für das äussere sein.

In diese Zeiten, und zwar kurz bevor Wolf am Wiener Salonblatt tätig wurde, also etwa in den Winter 1883/1884, fällt auch sein Plan, nach Amerika auszuwandern, ein Projekt, das an Abenteuerlickeit verliert, wenn man bedenkt, wie schwer auf ihn das Leben im lieben Vaterlande drückte. Ein Freund, der „hinüber" fuhr, hatte schon alles vorbereitet, die Schiffskarte war gelöst, oder sollte in Bremen schon gelöst werden — in elfter Stunde aber blieb Hugo Wolf aus: er hatte sich's doch überlegt. Von seinen Freunden wurde der Plan mit lustigen Augen betrachtet; er lieferte den Stoff zu einem epischen Gedicht, einem Bänkel mit Bildern: Mister Wolf in Amerika, Golddollars gewinnend.*) Vielleicht hat Wolf darüber selber mitgelacht. Denn so schlecht es ihm ging, es focht ihn nicht so an, als etwa uns, die wir nun in das Inferno jener täglichen Bedrängnisse zurückblicken. Wolf war kein Kind des Glückes, aber er besass etwas wie das Glück eines Kindes. Er konnte ausgelassen, heiter und froh sein, selig in seinen Seligkeiten, aber es kam auch „immer wieder etwas dazwischen, was nicht recht stimmen wollte" und so

---

*) Paul Müller (s. o.) hat das betreffende Bild noch in Wolfs Wohnung gesehen. — Die „amerikanische" Idee beschäftigte Wolf übrigens nicht vorübergehend. Sie taucht auch später wieder auf. Siehe die Briefe an Emil Kauffmann, Seite 129.

frisch er war, so hell der Himmel seines Gemütes glänzte, manchmal — „mitten drin" — zogen melancholische Stunden wie dunkle Wolken auf.

Er blieb also in der Heimat und nährte sich recht und schlecht; Eckstein berichtet von dieser Lebensweise, Wolf habe zwischen den Fenstern seines Zimmers eine dicke Wurst — eine „Mordatella" — aufbewahrt, die seinen Mundvorrat für lange Tage bildete; er scheint sich das „Gasthausessen" wirklich erspart und mit der Schnitte Wurst zu Mittag vorlieb genommen zu haben, wie er den Eltern (s. o.) auseinandergesetzt hatte.

In dieser Fastenzeit seines Lebens hat er gleichwohl fleissig die Notenfeder geführt, hungernd gepflügt.

Aus dem Jahre 1875 ist allerdings nicht viel, u. A. eine Komposition, „Frühlingsgrüsse", ein Lied nach Lenauschen Versen im Nachlasse des Künstlers aufbewahrt.*) Aus dem Jahre 1876 ist uns hingegen schon eine lange Reihe von Arbeiten erhalten geblieben. Sie umfasst sieben Lieder, darunter drei Vertonungen Lenauscher, zwei Goethescher Gedichte; dann sechs Chöre, darunter die drei erwähnten Männerchöre nach Goetheschen Worten, mutmasslich angeregt durch die Beteiligung des Vaters und des älteren Bruders Max an dem Männer-Gesangverein in Windischgraz. An Instrumental-Kompositionen finden sich vor: zwei Klaviersonaten, ein Klavierrondo mit Phantasie, ein vierhändiges Klavierstück, drei Sätze einer Symphonie in B, ein Streichquartettsatz — alles begonnen und nicht vollendet, Fragmente von Schularbeiten oder Privatversuchen. Ausserdem möchte ich als interessante Instrumentalstudie eine Partitur, datiert aus Hetzendorf bei Wien 1876, erwähnen; Wolf instrumentierte fast vollständig Beethovens Mondschein-Sonate in cis-moll, oder, wie er sich ausdrückte, bearbeitete sie für Orchester. Die Bearbeitung ist kurios. Da der jugendliche Instrumentator offenbar von der notwendigen Polyphonie des Orchestersatzes wusste,

---

*) Im Besitze des Hugo-Wolf-Vereines in Wien. Einige andere Kompositionsversuche aus diesem Jahre sind im Nachlasse unter den Manuskripten ohne Datum verzeichnet. (Siehe den Anhang dieses Bandes.) Auch im Besitze der Familie Wolf findet sich vielleicht eine oder die andere Jugendarbeit aus dieser Zeit, wie etwa die Instrumentation der Mondscheinsonate.

wendete er seine Wissenschaft auch an und liess die Violinen gleich zu Beginn des ersten Satzes kühne Kontrapunkte über das Beethovensche Hauptthema hinziehen. Noch eine Orchesterstudie liegt vor: der Anfang einer Symphonie in g-moll, in Partitur entworfen, allerdings nicht weit gediehen.

Man sieht hier einem heissen Wollen, sieht einem Arbeiter zu, der Gedanken in die verschiedensten Formen der Tonkunst zu ballen sucht. Das komplizierteste, der Orchestersatz reizt den Beginner nicht minder, als ihn der einfache Liedsatz anzieht. Wir stehen wieder bei dem lernenden Wolf, der die ersten harten Spatenstiche tut, gräbt und wühlt; und lässt er auch den Grabscheit wieder liegen, fehlt der Arbeit meist das Ende — die Jahre 1875—77 sind die Konservatoriumsjahre des Musikers, und es wird manche Mussarbeit gewesen sein, die er wieder ruhen liess.

Indess, wenn man das Verzeichnis dieser Nachlasswerke durchgeht, bleibt das Auge gerne bei dem Namen Nicolaus Lenau stehen. Ist hier ein Zufall auffällig oder eine Sympathie? Wie sonderbar, dass es den jungen Komponisten damals so stark zu dem Poeten seelischer Herbststimmungen hinzog, zu dem Dichter, der mit dem Schwabenland in inniger Freundschaft stand, wie Hugo Wolf einst selber sollte stehen, dem Dichter, dessen Geist in derselben Stadt langsam verglühte, wie der Hugo Wolfs. Es mag sein, dass der grosse Melancholiker Zauber gerade auf Menschen in den Jahren der Adolescenz besonders ausübt. Ganz zufällig dürfte die geistige Assoziierung Wolfs mit dem Dichter nicht erfolgt sein, denn Lenau hat unter den von Wolf damals komponierten Lyrikern die Majorität. Werden in diesem Jahre auch noch einige obskure Poeten der Vertonung gewürdigt, in den folgenden Jahren sehen wir Wolf zu Lenau immer wieder zurückkehren, wie er sich überhaupt immer ausschliesslicher an festgeprägte lyrische Individualitäten hält.

Auch 1877 ist zum Teil noch ein Konservatoriums-Jahr. Doch schon mehren sich die Gesangs-Kompositionen. Wir finden im Wolfschen Nachlasse 11 Vokalsachen, darunter wieder Lenau mit zwei Liedern und drei Oden, je ein Lied von Matthison und Körner, dann Klavierstücke, Partiturskizzen, das schon erwähnte d-moll-Konzert für Violine und Klavier — aber auch den Morgentau, der nicht Nachlass geblieben ist.

Und vollends das Jahr 1878 ist recht fruchtbar und charakteristisch. Frei von den Zwängen der Schule findet Wolf den Weg zu sich selbst, und Lied um Lied, fast nichts anderes, bringt er in der Freiheit hervor. Der Nachlass nennt zwanzig Lieder, darunter sechs Gedichte von Heine, drei von Hebbel,*) drei von Lenau und je zwei von Chamisso, Hoffmann v. Fallersleben und Rückert. In diesem Jahre wird die Arbeit auch schon intensiver. Das meiste der begonnenen Sachen ist auch vollendet worden, der Künstler konzentriert seine Kräfte, um so inniger, als er sie wirken fühlt, und nun kommt auch aus seiner aufgeschnürten Seele, was schon lange in ihr zutiefst gesessen hatte, hervor: wir hören die ersten eigenen Laute aufklingen im „Vöglein" und der „Spinnerin". Namentlich die „Spinnerin" ist ihrer rhythmischen Erfindung nach betrachtet, hochinteressant, Die Sehnsucht des jungen Mädchens, ihr unruhig klopfendes Herz, das stockende Spinnrädchen, alles ist durch den Wechsel der Sechzehntel und der Sechzehnteltriolen, später durch den synkopierten Bass ganz meisterlich gestaltet; und die scheue Frage der Tochter an die Mutter dichtete Wolf in Tönen nach: durch den kühnen Schluss auf dem ungelösten Dominantseptaccord.

Auch das grösser angelegte Werk „Die Stunden verrauschen" (ein Gedicht G. Kinkels) für Chor, Soli und Orchester — die einzige Instrumentalkomposition aus diesem Jahre — ist ziemlich weit ausgeführt worden — leider jedoch unvollendet geblieben.

Das Lebensfähige liess Wolf nicht in der Lade liegen, und so bietet uns das Nachlass-Verzeichnis der Jahre 1879—1881 nur wenig mehr an: im ganzen drei Lieder nach Lenau, Eichendorff und Heine — zwei davon Fragmente — und ein Albumblatt für Klavier. Sehr stark ist der ganze Jugendnachlass, absolut betrachtet, überhaupt nicht. Doch ist mit Bestimmtheit anzunehmen, dass er nicht vollständig ist und nur jene Manuskripte enthält, die zufällig erhalten blieben. So sicher auch Wolfs Künstlerhand war, so früh er schon wusste, welches Lied er singen werde, er hat sich gewiss wie unsere anderen

---

*) Die Komposition Hebbelscher Strophen ist vielleicht mehr durch persönliches Interesse angeregt (s. o. Brief v. 10. April 1878), als durch lyrische Momente.

grossen Meister in unzähligen Versuchen die „Pinsel-Technik" und das feine Handgelenk erworben.

Aus dieser Zeit sind noch andere Kostbarkeiten für uns zurückgeblieben. Zum erstenmal klingt uns aus dem Buche des Wolfschen Schaffens der stille Name Eichendorff entgegen. Schon im Jahre 1881 wurden sechs geistliche Lieder dieses „clair-obscure-Dichters" gesetzt: es sind a capella-Chöre, die „durchweg schon ein ganz modernes Gepräge" tragen, so dass sich der Künstler seiner „Vaterschaft" auch späterhin nicht geschämt hat.*) Die Chöre, die Wolf zum Teil anders benannt hat, als die Titel der Gedichte bei Eichendorff lauten, heissen: „Aufblick" („Vergeht mir der Himmel"), „Einklang" (Nachtgruss: „Weil jetzo Alles stille ist"), „Resignation" (Der Einsiedler: „Komm, Trost der Welt, du stille Nacht"), „Letzte Bitte" (Der Pilger: „Dein Wille, Herr, geschehe") und „Ergebung" (Der Pilger: „So lass herein nun brechen die Brandung, wie sie will"). Die Gedichte sind nach einem Grundgedanken aneinandergereiht — die Seele des Betenden erhebt sich aus dunkler Nachtstimmung zum Frieden in Gott und zur Stärke — so dass sie einen Zyklus bilden. Einer der Chöre, nach dem Eichendorffschen „Pilger", ist, obwohl noch Manuskript wie seine Gefährten, schon von einer Mission geweiht worden: am 24. Februar 1903, als man Hugo Wolf zur letzten Ruhe einsegnete, in der Votivkirche in Wien, klang er hinter dem Altare hervor. „Dein Wille, Herr, geschehe" sang man dem Toten nach, der dies Gebet in aller Ergebung, mitten in tiefen Leidenszeiten, angestimmt hatte.

Das Jahr 1881 ist aber noch aus anderem Grunde ereignisreich, denn es ist Wolfs erstes Theaterjahr geworden. Einer fixen Einnahmequelle entbehrend, mochte ihm der Plan tauglich erscheinen, als Bühnendirigent ein wenn auch nicht reiches, so doch verlässliches Einkommen zu finden; der treue Adalbert von Goldschmidt griff wieder ein, und durch seine Mitwirkung erhielt Hugo Wolf einen „Ruf" als zweiter Kapellmeister an das Stadttheater in Salzburg.

Es dürfte im November jenes Jahres gewesen sein, als Wolf Wien verliess. Am Tage seiner Abreise kam er in die Wohnung Goldschmidts, um die Abschiedsvisite zu machen, bevor er sich auf

---

*) Siehe Briefe an E. Kauffmann. Seite 136.

den Bahnhof begab. Er trug ein kleines blankes Bündel in der einen Hand, und hatte den anderen Arm um einen grossen gewichtigen Gegenstand geschlungen, der sorgfältig in Papier gehüllt war. Dieses Paket deponierte er vorsichtig im Vorzimmer. Als Goldschmidt den Freund später hinausbegleitete, fiel ihm der grosse geheimnisvolle Gegenstand auf, den Wolf an sich nahm und er fragte ihn danach. Da schob Wolf das Papier zurück und es wurde eine mächtige Gipsbüste R i c h a r d W a g n e r s sichtbar; in dem kleinen Bündel waren Wolfs Siebensachen eingepackt. So ausgerüstet fuhr der Kapellmeister in sein erstes Engagement.

Am Stadttheater in Salzburg war damals als erster Operndirigent Dr. Carl M u c k tätig; er hatte seinen Direktor, Herrn L. Müller, ersucht, ihm eine zweite Kraft an die Seite zu stellen, da er alleine des ganzen Betriebes nur mit grossen Anstrengungen Herr werden konnte. Müller sagte dies zu, und schon nach kurzer Zeit teilte er Muck mit, er habe jemanden gewonnen, der ihm als grosses Talent empfohlen worden sei; es werde ein gewisser Wolf kommen.

Der kam denn auch; ungefähr am 20. November 1881 traf Wolf in Salzburg ein und nahm in der Bergstrasse No. 8/II Wohnung. Er war auch das grosse Talent, als welches er Müller empfohlen worden war. Aber nicht der geeignete Mann. Nein — das gewiss nicht: denn musikalisches Vermögen und Theaterhandwerk sind zweierlei. Direktor Müller erinnert sich,*) dass Wolf wohl feine musikalische Begabung erkennen liess, dass ihm jedoch zum Theaterkapellmeister die „gewisse Energie und Schneidigkeit" mangelte; er war „verträumt", und „ängstlich bescheiden", verkehrte nicht viel mit den Theaterleuten, kam jedoch seinen dienstlichen Obliegenheiten, die hauptsächlich die Chor- und Soloproben betrafen, pünktlich nach. Ob er immer aufgelegt war mit den Chorherrn und Chordamen zu „arbeiten", und mit ihnen Strausssche und Millöckersche Operetten zu studieren, kann man füglich bezweifeln. Wenigsten wusste Dr. Muck Einiges zu berichten, das diesen Zweifel bestärkt. Einmal in der Frühe kam Wolf in das Probezimmer, um die Chöre zu einer Strausssschen

---

*) Brieflich an den Verfasser; Leopold Müller ist heute Direktor des Carltheaters in Wien.

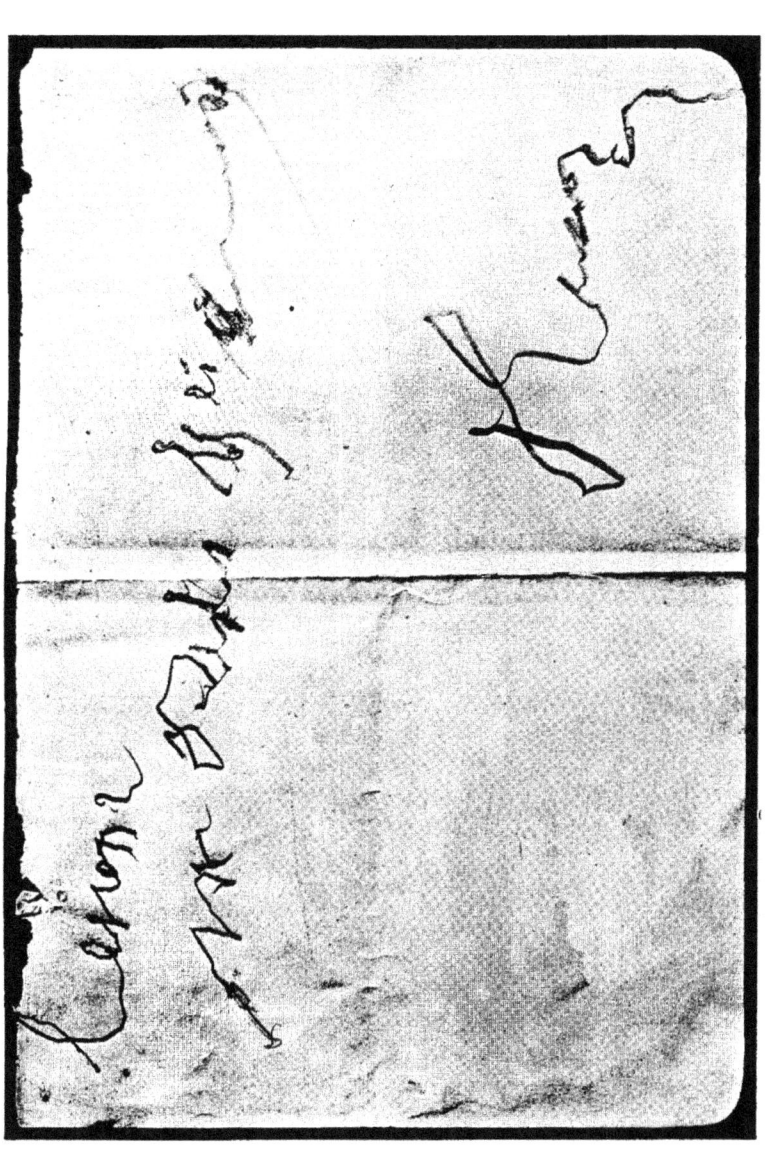

HANDSCHRIFT HUGO WOLFS AUS DEM JAHRE 1901

Operette einzuüben. Es dauerte indes nicht lange und er meinte zu den Choristen und Choristinnen: „Ach lasst's das Zeug stehen, ich spiel euch lieber was aus „Tristan" vor"; setzte sich hin und spielte den Chorsängern des Salzburger Stadttheaters denn auch richtig aus „Tristan" vor. — Als Dirigent dürfte Wolf auch kaum grosse Triumphe gefeiert haben; Am 21. Dezember leitete er die Aufführung des Waffenschmiedes von Lortzing, — die Kritik*) liess an der Vorstellung wenig gelten, doch ohne des Kapellmeisters zu erwähnen. Und als unser Wolf einmal die Musik zu einem Anzengruberstück dirigierte — da hat er wie er selbst später erzählte, einfach — „umgeworfen". Er war, um in der Direktorensprache zu reden: „zu sehr Anfänger".

Das verkleinert den Musiker durchaus nicht. Männer wie C. M. v. Weber oder Richard Wagner waren in der Luft der Opernbühne aufgewachsen und spielten mit deren Mechanismus als Kommandeure. Hugo Wolf kam ganz von ungefähr in diese eigentümliche Welt, ohne die Gymnastik der „Routine" zu besitzen — wie fremd musste ihn die Bühne mit ihren Realitäten anmuten, der er in seinem Richard Wagner-Paket ein Paket voll des reinsten Idealismus mitgebracht hatte. Wir dürfen denken: es war ein Glück für ihn, dass er nicht in Salzburg blieb, so gut es für Schubert ein Glück gewesen ist, dass er in Laibach nicht Musikdirektor wurde. So schied er nach kurzer Tätigkeit, wahrscheinlich im Januar 1882, aus dem Amte, aus dem er über kurz oder lang ohnehin gesprungen wäre.

Wien blieb das Zentrum seines Lebens. „Not und Sorge, die Schutzgöttin des deutschen Musikers, falls er nicht etwa Kapellmeister eines Hoftheaters geworden ist," nahm Hugo Wolf wieder an der Hand und führte ihn weiter durch die Strassen Wiens. Seine Bedrängnisse waren gross, und es ist vielleicht mehr die Sparsamkeit des Anspruchslosen, als eine ästhetische Überzeugung gewesen, wenn Hugo Wolf eine Zeit hindurch als Vegetarianer lebte.

Im Juni des Jahres 1882 entstand in dem idyllischen Örtchen Maierling das Mausfallensprüchlein, die duftigste Blüte aus dem Liederkranz der Jugendzeit. Hier ist der zweiundzwanzigjährige Wolf

---

*) Im Salzburger Volksblatt.

schon ganz der musikalische Realist, als den man ihn später kennen lernte. Mit einer wunderbaren Sichtigkeit gibt uns der Künstler ein leishuschendes Mäuslein anzuschauen; die kurzen Rhythmen, das aus drei Sechszehnteln und zwei Achteln mit einem Vorschlage gebildete Motiv, das leichte Figurenwerk und die Accordsprünge, alles in der hohen Lage schwebend, gleichsam ohne Bass, das schliesst sich zu einem reizenden Charakterstück voll feinen, graziösen Humors zusammen. Das Mausfallensprüchlein ist die erste Gabe des grossen Humoristen Wolf. Voll innigen Gesanges sind dagegen die beiden Wiegenlieder nach Robert Reinick, die im Dezember desselben Jahres entstanden, von denen namentlich das Wiegenlied im Sommer durch seine über die Synkopen-Begleitung sanft hinsingende schöne Melodie ausgezeichnet ist. Eine Nachlass-Komposition ist aus diesem Jahre nicht zu verzeichnen.

Dagegen blieb eine 1882 entstandene poetische Arbeit erhalten, aus der jene Sehnsucht des Künstlers spricht, an der der Lyriker heftiger oder stiller gelitten hat, bis er um mehr als ein Jahrzehnt später das Textbuch zum Corregidor komponierte: die Sehnsucht nach der Bühne, oder besser: nach der komischen Oper. Die Arbeit ist nämlich der Text zu einer komischen Spieloper; ein kleines Manuskript, das ungefähr bis zur Hälfte des zweiten Aktes reicht, und dann abbricht. Das Milieu der Oper ist bezeichnend genug — romanisch. Eine Reihe von Lustspielfiguren tritt auf: Don Antonio, ein reicher Edelmann, Don Alphonso, dessen Bruder (als Chaldäer verkleidet), Gregorio (ein Musiklehrer) Donna Angela u. s. w. Dichterische Dränge werden in der Seele des Musikers laut, doch lässt er den Stift wieder fallen. Die komische Oper blieb nur Fragment.*)

Im Sommer des Jahres 1882 war Wolf mit Felix Mottl und einem anderen Freunde nach Bayreuth gefahren, wo er in „grenzenloser Begeisterung" den Parsifal hörte.

Im Jahre 1883 wohnte er mit Hermann Bahr und einem Freunde Dr. E. L. in der inneren Stadt, im Trattnerhof, nahe unter dem Dache. Diese Mansardenzeit findet in Hermann Bahr ihren Romancier.

---

*) Original-Manuskript im Besitze des Hugo-Wolf-Vereins in Wien.

Er schildert:*) Wenige ahnten damals, was er (Wolf) uns bald werden sollte; den meisten galt er als ein Narr. Ich lebte mit meinem Freunde auf eine recht studentische Art, bei Mensuren oder in der Kneipe, fröhlich in die Nacht hinein, bis es graute. Kamen wir endlich doch heim, so war es meistens schon gegen fünf geworden. Schwer vom Trinken und von den heftigen Begeisterungen der Jugend wollten wir uns dann hinlegen. Da öffnete sich die Türe und aus dem anderen Zimmer erschien uns, in einem langen, langen Hemde, Hugo Wolf, eine Kerze und ein Buch in der Hand, sehr bleich, seltsam in dem grauen verschwimmenden Lichte anzusehen, mit rätselhaften, bald skurilen, bald feierlichen Gebärden. Er lachte schrill und verhöhnte uns. Dann trat er in die Mitte und schwang die Kerze und während wir uns auszogen, begann er uns vorzulesen, meistens aus der Penthesilea. Dies aber hatte eine solche Kraft, dass wir schweigend wurden und nicht mehr zu reden wagten; so gross war es, wenn er redete... Ich habe in meinem Leben niemals mehr so vorlesen hören."

Es ist eine seltsame und geheimnisvolle Wechselbeziehung, die zwischen Hugo Wolf und Heinrich von Kleist wob, zwischen dem Dichter und dem Musiker, eine Wechselbeziehung, die sich noch verstärkt, wenn wir daran denken, dass der Dramatiker Kleist in der Musik „die Wurzel aller übrigen Künste" suchte, und der Lyriker Wolf zeitlebens nach dichterischem Ausdrucke, nach dem Drama verlangte. Man sucht in dem Dämmer dieses Seelenmysteriums nach Gründen; war es der Instinkt einer tragischen Natur, der den Weg zu einer anderen fand? Oder war Kleist nur poëte de prédilection, wie es Claude Tillier, oder Leopardi oder andere waren? Auf diese zweite Frage möchte ich nicht bloss Ja antworten, so wenig ich es auf die Frage nach Lenau und Grabbe ohne weiteres antworten möchte. Dass Wolf gerade von dem Dichter so starke und anhaltende Wirkungen auffing, den Goethe bei dem Vorsatze der aufrichtigsten Teilnahme immer wie einen „von der Natur schön intentionierten, aber von unheilbarer Krankheit ergriffenen Körper" empfand; gerade von dem Dichter, der sich „halbtausend Tage, die Nächte der meisten

---

*) Gesammelte Aufsätze über Hugo Wolf. Erste Folge. — Wolf stand damals auch mit Gustav Mahler u. Kryczanowski in kollegialem Verkehre.

mit eingerechnet" über seinem Guiscard quälte, bis er, der Kraftstrotzende, an seiner Kraft verzweifelte und die Handschrift verbrannte; dem Dichter, der so eigentümliche visionäre, somnambule Züge in seine Dramen spielte, und der endlich in ein tragisches Ende stürzte — das scheint doch mehr als poetische Ergriffenheit und geistige Anfrischung gewesen zu sein. Und der Kleist vorlesende Wolf berauschte sich an der Penthesilea, „wohl der wahrsten aber zugleich grausamsten Tragödie, die je einem Dichterhirn entsprungen," wie er sie selbst gekennzeichnet hat, während der Kleistbiograph Otto Brahm zwar die Kraft und Pracht der Darstellung, den Zauber der Sprache rühmt, die Penthesilea aber im Allgemeinen für wenig dramatisch, für das subjektivste, lyricheste Werk des Dichters hält. Gerade jedoch weil sie „nur Stimmung und Leidenschaft" hat, mag sie sich für die Musik gut gewinnen lassen. Aus einem seligen Befruchtungszustand schuf Wolf im Sommer und Herbst 1883 die symphonische Dichtung Penthesilea, ein Schmerzenskind. Das Werk teilte er in drei Gruppen ab: 1. Aufbruch der Amazonen nach Troja, 2. Der Traum Penthesileas vom Rosenfest (sehr gehalten), 3. Kämpfe, Leidenschaften, Wahnsinn, Vernichtung. Das Werk steht in f-moll; charakteristisch ist sein erstes Thema:

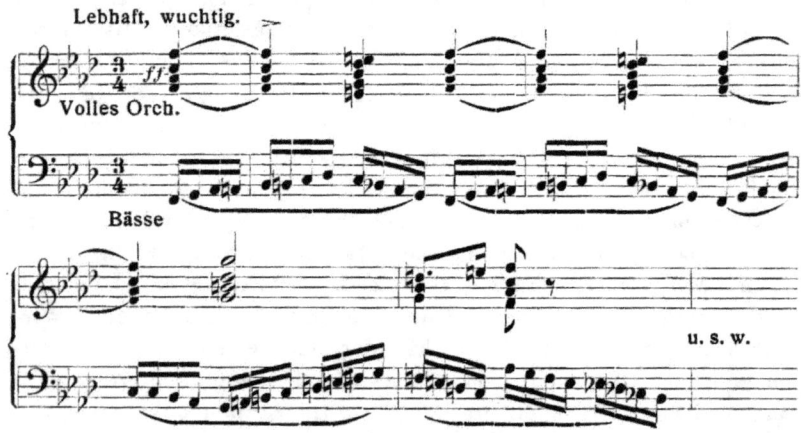

Im vollem Orchester, dick instrumentirt, setzt das Thema ein, auf welches ein eigenartiger Bläsersatz folgt, der den Aufbruch des

Amazonenheeres anzeigt: je zwei Trompeten, sind an den beiden äussersten Enden des Orchesters postirt, dazu treten mit überraschenden Harmonien 4 Hörner, Becken und Triangel begleiten den Kriegszug.

Penthesilea hat Wolf lange beschäftigt; noch im Sommer 1884 hat er, als er auf Schloss Gstatt zu Besuche war, an der formalen Fassung eines Motives intensiv gearbeitet. Auch eine zweite Kleist-Arbeit, eine Musik zum Prinzen von Homburg entstand in jenem Sommer. Die weiteren Lebensschicksale der Penthesilea aber werden uns noch stark zu interessieren haben.

So lebt Wolf in dieser Zeit. Nicht viele gewaltige, umfangreiche Würfe sind es, die er tut, denn aus den Jahren der Bohême reifen im ganzen zwei Liederhefte heraus,*) die 1887 erschienen. Er ringt auch nicht um hohe Lebensziele: er komponierte, gab Stunden und war arm.

---

*) a) „Sechs Lieder für eine Frauenstimme und Klavier." b) „Sechs Gedichte von Scheffel, Mörike, Goethe und Kerner für eine Singstimme mit Begleitung des Pianoforte."

V. Kapitel.
Der Kritiker.

Am 27. Januar 1884 wurde in Wien die erste mit „Hugo Wolf" unterschriebene Musik-Kritik gelesen. Sie erschien in dem Engelschen Salonblatte, einer Zeitung für das high life der Residenz. Vor Hugo Wolf hatte Theodor Helm das Amt geführt, und Freundesvermittelung dürfte den jungen Musiker in die frei gewordene Stelle geschoben haben, die ihm ein wenn auch schmales Brot gab, und die ihm in gewissem Sinne verhängnisvoll wurde.

Dass Wolf gerade auf diesen Platz kam, war eine feine Groteske des Lebens, denn nie hat es Verschiedeneres gegeben als dieses Blatt und seinen Mitarbeiter. Die Titelseite des Blattes ruft seine Firma aus. Man sieht eine Komtesse oder ein feudales Brautpaar im Bilde, Porträts aus Hof-Ateliers. Dann findet man Leitartikel, oder eine Notiz, die den Text „zu unserem heutigen Bilde" liefert, Rubriken für Gesellschafts- und Theaterchronik, Ball-, Sport-, Bade- und Finanzplaudereien; und mitten in diesen parfümierten Causerieen erscheinen — wie Fremdkörper — die ingrimmig-ernsten oder ingrimmig-lustigen Abhandlungen Hugo Wolfs. Die Kavaliere, die das Wiener Salonblatt im Abonnement bezogen, müssen sich bass gewundert haben, vier Jahrgänge hindurch. Denn so lange lieferte der Sohn des wackeren Lederer-Meisters einem blaublütigen Publikum Lesestoff, so lange hielt der Anbeter Richard Wagners Balletbesuchern und in Meyerbeer ergrauten Opernhabitués die musikalische Sonntagspredigt.

Eine tolle Situation, wie sie nur die Not des Lebens zusammenbrachte. Auch Berlioz, Schumann, Liszt, Bülow führten einst den Merkerstift; aber so gut hatte es Hugo Wolf nicht, wie diese Meister. Er konnte nicht die Tribüne des Journal des Débats oder der „Neuen

Zeitschrift für Musik" besteigen, um mit der Meinung eines halben Erdteiles zu diskutieren. Er hatte nur eine Zeitung für die elegante Welt zur Verfügung, freilich hat sie damals seinen Namen in Wien erst bekannter gemacht, aber heute hat Hugo Wolfs Name die Zeitung historisch gemacht.

Wie sich Kritiker und Publikum vertrugen — wer weiss es? aber es heisst, dass Wolfs Arbeiten in Wien bald „Beachtung" zu finden begannen, was gar nicht auffällig ist, denn sie forderten dazu heraus. Kritik üben heisst Charakter äussern, und da diese Kritiken einen Charakter, wie den Wolfs in aller Schärfe zurückspiegelten, mussten sie eben so viele anziehen, als sie andere abstossen mochten, aber keinen gleichgültig liessen. Sehr populär gehalten, machen sie besonders zu Anfang fast mehr den Eindruck literarischer als streng fachmusikalischer, niemals aber den langweiliger Abhandlungen. Beinahe jede Kritik interessiert, keine ist eine leere Quinte und durch die Originalität seiner Feder hat Wolf die Leser gewiss stärker an den Gegenstand gefesselt, als er es durch doktrinäre Auseinandersetzungen vermocht hätte. Sagt doch schon unser ältester deutscher Kritiker, Johann Mattheson, in seiner Grossen Generalbassschule*) gewichtig: „Man dencke ..., dass es unmüglich sei, die Music ohne Litteratur empor zu bringen."

Alle Farbentöne des Wolfschen Naturells sind in diesen Kritiken aufgetragen. Sie sind wahrhaftig, kampflustig und schneidig. Immer direkte Rede; alles trifft und sitzt. Die Pulse des Idealismus klopfen in den Worten, ob sie eine zarte Poesie oder stachelige Prosa sind. Der Humor meldet sich bald als grober Kalauer, bald als feiner Witz, Sarkasmus und Ironie lachen grell auf. Manche Kritik ist ganz ins Dramatische zugespitzt und wird zu einer phantastischen Scene.

Wir schlagen zwei Musterkritiken auf: Aus einer erfahren wir Geheimnisse „**Aus dem Tagebuch eines Chinesen**". Der Verfasser träumt. Er lebt in Peking. Er ist Hoftheater-Intendant geworden. Er will in China reformieren. Nur gute Werke sollen von nun an aufgeführt werden und zwar in möglichster Vollendung.

---
*) „Vorbereitung," Kapitel V. Zweite Auflage, Hamburg 1731.

Zweimal in der Woche soll das Haus geschlossen bleiben, damit der Kapellmeister Zeit zum Probieren habe. Der Zuschauerraum soll umgebaut, das Ballet reduziert, die Claque abgeschafft werden. Und so weiter. Da aber kommt es über den reformierenden Intendanten. Denn die Sorgen, Plackereien, Ärger, Kummer und Enttäuschungen richteten ihn fürchterlich her:

„Diese Gesichtsfarbe schillernd zwischen dem saftigsten Meergrün und dem wohlgefälligsten Schwefelgelb, dieser kahle Schädel, darauf ein dünner schmutzigweisser Haarbüschel wie eine Parlamentärsfahne flatterte, diese hohlen Augen, die herabhängenden Ohren, dieser gekrümmte Rücken — mein Gott! Welch' ein niederträchtiger Anblick! Aber zu diesem würdigen Aussehen gesellte sich, wie ich bald zu meinem Entsetzen wahrnehmen musste, ein analoger Seelenzustand. Wie ich mich entsinne, geschah diese seltsame Umwandlung in und an mir kurze Zeit nach jener denkwürdigen Ansprache, die sozusagen das Programm des grossen Konzertes andeuten sollte, das ich auf dem Posten, wohin man mich berufen, zu dirigieren beabsichtigte... Was aber war die Folge dieser nützlichen Vorschläge? Zuerst eine Verschwörung, dann eine Revolution... Der Schweiss troff mir in Strömen von der Stirn. Ich verlangte nach dem Tode... Da legte ich in meiner Verzweiflung selbst Hand an mich, und eben im Begriff mich zu erwürgen, brachte mich mein gewalttätiges ungeschicktes Hantieren — dem Himmel sei's gedankt — ins wache Bewusstsein zurück..."

Und das Ganze ist nichts als ein einziges grosses J'accuse.

Die zweite Kritik ist nicht minder köstlich. Es ist Nacht. Vor einer Anschlagsäule steht ein Mann, der im Scheine der Gaslaterne die Konzertanzeigen studiert. Hinter seinem Rücken Wolf. Und er hört, was der Unbekannte mit sich selbst spricht und wie er murmelt:

Bach, Mozart, Haydn, Beethoven — — gut gut. — Das Publikum liebt klassische Musik... Beethoven, Mozart, Haydn sind ihm eigentlich schon zu gewöhnlich... Hingegen Bach! Ach Bach! (Hier ahmte er höhnisch die Verzückung des Publikums nach) ach Bach! Ja freilich — das ist Musik! — Alles Granit, Erz! Überall Tiefe, Urwüchsigkeit, Grösse, Hoheit, Genie! (im natürlichen Ton) Meiner Treu! Ich glaube, dass das philharmonische Publikum lieber in die pontinischen Sümpfe hüpfen, als Kompositionen dieses gepriesenen Meisters anhören möchte... Aber was tut man nicht der Mode zu Liebe! Bach ist beim philharmonischen Publikum zur Fashion geworden... Robert Fuchs? Aha, wieder eine Serenade? Nein, eine Symphonie. Robert Volkmann? wahrscheinlich eine Symphonie? Nein, eine Serenade. Nächstes Jahr wird's umgekehrt: Symphonie von Volkmann, Serenade von Fuchs. Immerhin. Abwechslung muss sein, und die Philharmoniker verstehen sich darauf, wahrhaftig! — Pen-

HUGO WOLFS ARBEITSZIMMER IN WIEN

thesilea von Goldmark. — Ein herrlicher Vorwurf für musikalische Bearbeitung; aber das Talent des Komponisten reicht nicht aus für die Grösse dieses Stoffes. Ein Makart nur hätte die Penthesilea in Farben, ein Liszt oder Berlioz nur musikalisch sie versinnlichen können. Kein anderer vermag es. — Aber wie? Was ist das? Lese ich richtig? Berlioz? Symphonie phantastique? Nein wirklich? Aber ganz unmöglich — und doch — ganz deutlich — Symphonie phantastique von Hector Berlioz. Nein, die Courage der Philharmoniker hat etwas spartanisches. Sie haben den Mut ihre Abonnenten damit zu schrecken."

Diesen nächtlichen Monolog hat Wolf in der Nummer vom 1. November 1884 wiedererzählt. Man glaubt, einer bizarren Phantasie wie der E. T. A. Hoffmanns ins Auge zu sehen. Das Ganze ist ein Spass, hinter dem bitterer Ernst lauert: eine Persiflage des Wiener Konzertlebens; und jedes Wort trifft den Nagel auf den Kopf.

Die meisten Arbeiten sind polemisch, niemals aber bloss negierend. In der Tat: es gab in seinen Jahren viel zu polemisieren, und Hugo Wolf ist niemals ein Milch- und Wasserkritiker gewesen. Das Ding beim rechten Namen zu nennen und mit lautem Hallali hinter einer Kunstwidrigkeit her zu jagen, das war so recht nach seinem Geschmack. Ja, es scheint, dass er sich auch nicht erst angestrengt hat, jemanden nicht zu verletzen, wenn es die Sache so verlangte. Auf dem Boden einer Weltstadt war dies möglich, wenn es auch nicht ohne Folgen blieb; in einer Provinzstadt wäre es indessen nicht vier Jahre, sondern kaum vier Wochen denkbar gewesen, und Hugo Wolf hätte sich unmöglich gemacht, wenn er nicht davongelaufen, oder an dem ewigen Rücksichtnehmen- und Spitzenabschleifenmüssen „zu Grunde gegangen" wäre, denn er war eine Natur, die mit der Wahrheit bis auf den letzten Rest herausging, ein Fanatiker der Überzeugung, rücksichtslos gegen alle, aber auch gegen sich selbst — wie's einem Kritiker eben nicht übel steht.

Freilich ist er ganz im Anfange noch etwas sanfter, „kein Wolf — ein zahmes Tier" und es ist, als ob er nach den ersten heftigen Reden über den Klang der eigenen Stimme erschrocken wäre — oder hatte man ihm von „wohlmeinender Seite" die „Mässigung" nahegelegt? — kurz, am Schlusse des ersten Semesters nimmt er von seinen Lesern förmlich Abschied, und glaubt sich rechtfertigen zu müssen. Wem die Kritiken zu scharf erschienen, der möge bedenken, „dass jedem Menschen ter für Recht und Wahrheit einsteht und gegen die

Lüge zu Felde zieht, dabei sozusagen warm ums Herz wird. Man ist dann nicht sehr wählerisch mit Worten. Wahrheit ist nicht die Sprache der Höflichkeit, diese ist die Sprache der Diplomaten ... Schön schreiben war allerdings nicht meine Sache. Wer je viel auf die Form hält, verliert nur zu häufig den Inhalt aus den Augen. Wenn sich Form und Inhalt decken, ist's freilich am besten. Dies anzustreben soll auch mein stetes Bemühen sein, wenn ich in der nächsten Saison dem geneigten Leser mich wiederum in Erinnerung bringen werde."

Die Ziele nun, die sich der junge, 24jährige Recensent gesetzt hat, sind ganz modern, und es dauert nicht lange, so ist er aus einem Zeitungskritiker ein Zukunftskritiker geworden. Wolf ist so sehr modern, dass wir heute über seine Reife, Klarheit und Hellsichtigkeit nicht minder erstaunen, als über seinen Mut. Was wir im 20. Jahrhundert stolz als unsere Errungenschaften betrachten, das alles fand in Hugo Wolf schon vor 20 Jahren seinen eifrigsten Fürsprech.

Ich rede nicht davon, wie er noch seine ganze Suada aufbieten musste, um durchzusetzen, dass der Eintritt in den Zuschauerraum des Hofoperntheaters während der Ouvertüre oder während eines Aktes nicht mehr gestattet werde. Hier kämpft er nicht so sehr für neue Sitten als gegen alte Unsitten. Aber er ist der Herold eines feineren modernen Empfindens, wenn er für das Recht der komischen Oper eintritt und für ein intimes Kunstwerk auch den intimen Raum verlangt. Dieser Gedanke ist sein besonderer Liebling, und er spricht ihn am Anfang, wie am Ende seiner kritischen Tätigkeit mit gleicher Überzeugung aus:

„Mit dem Dialog, dem kleinen Orchester soll auch ein diesem Deminutiv entsprechender Bühnenraum Hand in Hand gehen.

Leider gibt es in Wien keine opéra comique und da bleibt wohl nichts übrig, als dies reizende Genre in unserem Opernhause zu kultivieren, welches sich in seinem Verhältnis zur Spieloper eine Art Hundsgrotte im umgekehrten Sinne nennen möchte, dem vor einigen Tagen auch der ‚Hund des Gärtners' zum Opfer gefallen. In einem kleinen Raume würde dieses Opusculum seine Wirkung auf das Publikum gewiss nicht verfehlt haben; im Opernhause huschte es wie ein Schatten spurlos an dem Zuhörer vorüber."

So Zutreffendes schrieb Wolf am 24. Februar 1884 über Grisars komische Oper „Der Hund des Gärtners". Und am 20. März 1887 nimmt er sich ebenso des Waffenschmiedes von Lortzing an:

„Das Hauptübel, an dem die komische Oper bei uns krankt, ist das grosse Opernhaus. Es ist, als ob man ein niedliches Bildchen in einen pomphaft ellenlangen Rahmen geben wollte. Und dieses lächerliche Schauspiel wiederholt sich, so oft eine komische Oper gegeben wird; aber die wenigsten haben die Empfindung für das Groteske, ja Unerquickliche solcher Inkongruenzen. Dass unter derartigen Missverhältnissen die heitere Muse Lortzings am schlechtesten wegkommt, ist nicht zu leugnen und man weiss wahrlich nicht, ob es dem Waffenschmied nicht besser bekommen hätte, weitere vierzehn Jahre im Archive zu feiern, bis wohin die komische Oper vielleicht doch gebaut sein wird, als seine kleine Stimme im grossen Hause zu ruinieren ... Als ich vor sechs Jahren die komische Oper in Salzburg einstudiert hatte, gefiel sie mir trotz der mangelhaften Besetzung und des scheusslichen Orchesters weit besser als heute in unserem berühmten Hofoperntheater, mit seinem berühmten Orchester, seinen berühmten Sängern, seinen berühmten Balleteusen und seinen nicht minder berühmten Fauteuils und das aus dem einfachen Grunde, weil die kleine Bühne als der richtige Resonanzkasten für dieses Werkchen, alle Töne und Nuancen getreulich widerhallte, welche der Komponist darin angeschlagen.

Und mit denselben modernen Augen wie in den Opern- sieht Wolf in den Konzertsaal, und ein echter, subtil empfindender Künstler tadelt er sans gêne die „Ungereimtheit", dass Kammermusikgesellschaften Streichquartette im grossen Musikvereinssaal, vor Tausenden aufführen, ein Unfug, der damals nicht allzu vielen Kritikern aufgefallen sein dürfte.

Mit Vergnügen lesen wir Zeitgenossen der „Bunten Bühne", wenn Wolf für das Heimatrecht der heiteren Kunst im Konzertsaale eintritt. Dass auch ein hübsches Suppésches Stück bei Bösendorfer gesungen werde, findet er gar nicht deplaziert. Im Gegenteile:

„Ist es eine Schande unterhaltende Musik zu schreiben? Das fehlte gerade, die zu allem möglichen Unfug missbrauchten Kunsttempel auch noch zur Pflegestätte für ausschliesslich langweilige Musik zu machen ... Warum nicht gar! Anregende Musik soll überall eine schützende Stätte finden, welchem Genre sie auch immer angehören möge ..."

Und auch das Thema „Musik und Applaus" war Wolf schon vor 20 Jahren geläufig; ja es wäre geradezu auffällig, wenn es einem so nervenfeinen Musiker wie ihm entgangen wäre. Einmal muss ihm von robusten Fäusten eine Beethovenstimmung eingeschlagen worden sein; da machte er sich nächsten Sonntag sogleich daran, den Leuten das Verhältnis von Musik und Applaus auseinander zu setzen. Und wie Peitschenhiebe klatschen die Worte nieder: „Applaudiere man immerhin, aber nur dort, wo gewissermassen das Kunstwerk selbst den Applaus herausfordert: bei rauschenden Schlüssen, bei Tonstücken heitern, festlichen, kriegerischen, heroischen Charakters." Aber nach einem Stück wie Beethovens Coriolan-Ouvertüre? „Noch starrt das Auge trunken vor sich hin, wie in einen Zauberspiegel, darin der riesenhafte Schatten Coriolans langsam dem Blicke entschwebt, noch rieselt die Träne, zuckt das Herz, stockt der Atem, fesselt ein Starrkrampf alle Glieder — und kaum dass der letzte Ton verklungen, seid ihr auch schon munter und vergnügt und rumort und kritisiert und klatscht und — o ihr habt in keinen Zauberspiegel geblickt, ihr habt nichts gesehen, nichts gehört, nichts gefühlt, nichts verstanden; nichts, nichts, gar nichts." Das ist eine Sprache, wie man sie im leichtlebigen fidelen Wien mit seinem Einschlag romanischer Musiksitten oder besser -unsitten gewiss nicht oft gehört haben wird. Geisselhiebe statt der gewohnten Schmeicheleien; der Zorn eines Dichters wird laut, aber jedes Wort eine Wahrheit. Indess die Leute sollten noch mehr zu hören bekommen. Bisher sahen wir Wolf nur auf allgemeine Ziele losgehen. Nun hatte er auch besondere Wiener Ziele zu erreichen, und das gab ihm Arbeit in Hülle und Fülle.

Ein so moderner Mensch wie er musste jeden Augenblick mit der Rückständigkeit des Wiener Musiklebens zusammenkrachen. Es war eine Zeit, in der man ein Werk wie Tristan und Isolde, aus dem wir heute die moderne Harmonik studieren, öffentlich noch als Krankheitserscheinung erklärte, und in der Liszts und Berlioz' Schöpfungen von akademischen Köpfen als mehr oder minder krause Kuriositäten befunden wurden, in der überhaupt so manches, was uns heute teuer und heilig ist, in reizvollen, hübschen Feuilletons heruntergezogen wurde. Um Liszts Mephisto-Walzer hat man im Jahre 1886 im grossen Musikvereinssaale noch eine förmliche Schlacht geschlagen und ein fescher Walzer von Strauss war — wie Hugo Wolf einmal sagt — den Wienern lieber als die Damnation de Faust. Man stand zwischen alt und neu, und Wolfs Temperament bäumte sich auf, wenn er sah, dass das neue Meistertum auf den grossen Unverstand stiess, oder wenn er sah, dass man einem veralteten Geschmack feige Konzessionen machte. Er hasste den falschen Konservativismus, der gegen alles raisonnierte, was nicht nach der alten Kleiderordnung komponiert war, und legte denn los:

„Seid ihr nicht Lasttiere, einen Tag um den andern in dumpfer Betäubung eurem Berufe nachgehend, von der Gunst oder Ungunst der Verhältnisse entweder gehätschelt, gehoben, getreten, gestossen, geknechtet ... Kennt ihr eine andere Ordnung, als die Polizeiordnung? ... Aber der Kometenlauf des Genies lässt sich nicht in hergebrachte Bahnen lenken. Er schafft die Ordnung und erhebt seinen Willen zum Gesetz."

Und in dem Monolog, den wir oben hörten, spricht Wolf ein sehr triftiges Wort aus, handelte es sich ihm doch darum, eines der besten Konzertorchester der Welt, wenn nicht das beste, die Wiener Philharmoniker, dem Fortschritte dienstbar zu machen und sie aus aristokratischer Zurückhaltung herauszutreiben:

„Diese Gesellschaft hat keine Konkurrenz zu befürchten, da sie in ihrer Art einzig dasteht. Die Orchestergesellschaft des Herrn Kretschmann kann man neben der der Philharmoniker kaum in Betracht ziehen ... Was also hindert die Philharmoniker in der Wahl ihrer Programme künstlerischer zu verfahren, als es bisher geschehen ist? Gibt es stichfeste Gründe, die für ihr unkünstlerisches Gebaren sprechen? Ich glaube nicht. Hätte ich ein entscheidendes Wort bei der Zusammenstellung ihres Programmes mitzureden, so würde ich sagen: wir führen in jedem Konzert ein Stück von Liszt oder Berlioz auf, denn dies sind zwei Meister, deren Grösse und Bedeutung das Publikum noch lange nicht erfasst hat. Wird sich das Publikum auch anfangs dagegen sträuben, was geniert das uns? Mit der Zeit wird es sich ändern. Seine bisherige Zerstreutheit diesen Meistern gegenüber wird in Aufmerksamkeit, seine Frivolität in Andacht, seine Verwunderung allmählich in Verständnis, sein kühles Verhalten in Bewunderung, hernach Verehrung, Liebe, Begeisterung übergehen und man wird euch preisen, durch eure Beharrlichkeit das erreicht zu haben, wozu ihr berufen seid: Allem, was einen Fortschritt in der Kunst bezeichnet, was als wahrhaft neu, gehaltvoll und bahnbrechend sich ankündigt, was sich über das Gemeine, Mittelmässige erhebt und dem Höchsten zustrebt, euer tönendes Organ zu leihen, vor keiner Schwierigkeit zurückzuschrecken und bis auf den letzten Mann auszuharren, wenn es gilt, eine gute Sache zu fördern."

Das sind Kern- und Kraftworte, die, von einer andern Tribüne als der des Salonblattes aus gesprochen, wahrscheinlich ihren Erfolg augenblicklich gehabt hätten, die aber gleichwohl Sensation gemacht haben werden. Aber Wolf lässt nicht nach. Im März des Jahres 1885 kommt er auf dieselbe Angelegenheit zurück; er rempelt die Konzertgesellschaft von neuem an und diesmal sehen wir seine Polemik zu einem gewaltigen Crescendo anschwellen:

„Gade, Dvořák, Molique und aus Barmherzigkeit — welch riesenhafte Anstrengung — eine Symphonie von Mozart. Bravo, Herr Kapellmeister. Sie zeigen Geschmack, guten Willen, Fleiss, Hingebung, Ernst, Ausdauer und eine grosse Portion Ehrgeiz! Wohin soll das führen? Sie werden sich um Gotteswillen doch nicht zu der schwindelnden Höhe versteigen wollen, Haydnsche Kindersymphonieen aufzuführen? Fürchten Sie die Mühen dieser Arbeit, die schlaflosen Nächte, die blutigen Schweisstropfen!... Nein, Herr Kapellmeister, Sie müssen sich schonen, pflegen, Sie bedürfen der Ruhe... Beglücken Sie uns auch fernerhin mit Dvořákschen Rhapsodieen, Gadesche Ouvertüren Moliqueschen Violoncellkonzerten. Wozu als Schlussnummer eine Mozartsche Symphonie? und noch gar die wunderherrliche in Es-dur! Dies Stück ist zu kompliziert... und Sie richten sich (durch Proben) zu Grunde und die Aussicht im philharmonischen Konzert unter Ihrer Leitung Czernys „Schule der Geläufigkeit", deren Instrumentierung Herr B. aus Gefälligkeit übernehmen dürfte, einmal noch zu hören, würde uns dann für immer benommen werden."

Solche kritische Batterieen — jeder Satz ein Vierundzwanzigpfünder — feuert er auf die wackeren Philharmoniker und ihren weltberühmten Dirigenten ab. Aber niemand war ihm gross genug, als dass er ihn um einer guten Sache willen nicht angegriffen hätte, mochte es sein wie immer. Und hat er Publikum, die Musiker, den Dirigenten nicht geschont, so schont er auch die Kritiker des konservativen Lagers nicht, und nach der siegreichen Aufführung der Berliozschen Fantastique, im April 1885 schiesst er mit zornigem Feldgeschrei contre les philistins los:

„Die Philharmoniker mögen den Beifall der Jugend nicht verschmähen, die vom Stehparterre und den Galerieen aus ihre vorzüglichste Leistung nicht minder als das grossartige Werk freudigst begrüsste. Was es noch Grosses gegolten, immer ging die Jugend bahnbrechend voran. Lassen wir uns nicht irre machen durch den Geifer und das unredliche Verfahren unserer kritischen Gegner. Wir haben den Schild der Wahrheit, uns zu decken, wir führen das Schwert der Begeisterung, unsere Gegner zu verwunden, und **Krieg den Philistern,**[*] **Krieg den Kritikern** sei fortan die Losung!"

Alles das ist, wenn wir noch einmal zurücksehen, gewiss produktive Kritik, denn sie negiert nicht bloss, sie sucht das Leben zu bereichern. Es ist freilich auch „starke" Kritik, denn sie ist empfunden, nicht bloss „geschrieben". Es ist reine, will sagen lautere Kritik, denn den korrupten Gedankengang der Lobdumirski-Lobichdirski-Recensenten kennt Wolf nicht: Die Wahrheit sagen müssen ist ihm so sehr Selbstverständlichkeit als sie ertragen können.

---

[*] Offenbar eine Anspielung auf Eichendorffs gleichnamiges dramatisches Märchen.

Das also die Prinzipien, nach denen Wolf zu Werke ging; und nun — wie verhielt er sich zu den Kunstwerken, und wie zu den Künstlern? Viele interessante Gestalten sind es, über die er interessante Worte schrieb; allein nicht das ganze Register der Erscheinungen soll hier durchgegangen, vielmehr nur auf die grössten und die grossen Namen der Finger gelegt sein. Über Richard Wagner hörten wir Wolf schon des Ausführlicheren sprechen, und es braucht nicht wiederholt zu werden, was im 3. Kapitel erzählt wurde. Neu und richtig dürften aber die Worte sein, die er zur Melodie Johannes Brahms, des Gegenkönigs Richard Wagners, fand.

Wagner und Brahms — diese beiden Pole des Wiener Kunstlebens der letzten 30 Jahre — tauchen da auf, und mit den Namen eine Zeit, die um neue musikalische Werte rang. Die Linie der heftigen Bewegung, die durch die Stadt lief, haben wir im allgemeinen ververfolgt, hier wollen wir einen Blick auf das besondere Milieu werfen, in das Hugo Wolf eingetreten war, und aus dem heraus er die Welt sah. Dieses Milieu bildete der Richard-Wagner-Verein, der sich 1873 konstituiert hatte, und der das Zentrum des Radikalen wurde.*) Genau 10 Jahre nach den drei grossen Eröffnungsschlachten, die Wagner in Wien geschlagen hatte, organisierte sich seine Partei, sie war die Bergpartei überhaupt und schützte Alles, was zu schützen war. Ein Verkannter wie Anton Bruckner fand in ihr die „Streitgenossin" in dem grossen Prozess, den die Genies allemal gegen das Philisterium gewinnen müssen.

Warum nun gerade Johannes Brahms der Prozessgegner Wagners und seiner Partei wurde, hat Gründe, die mehr in dem besonderen Naturell von Personen, als in der Natur der Dinge liegen. Denn Wagner ist eine kulturelle, Brahms eine musikalische Erscheinung.

Freilich war Wien das Vaterland der formalen Tonkunst. Die Stadt war mit Haydn, Mozart, Beethoven, und ihrem Romantiker Schubert einst persönlich bekannt, und selbst Strauss und Lanner, die Tanzmeister Wiens, die Klassiker des Dreivierteltaktes, sind im

---

*) Gegründet wurde der Verein schon im November 1872. Den Aufruf hatten gezeichnet: Herbeck, Dr. Standhartner, Dessoff, Goldmark, Hellmesberger, Lewinsky, Schönaich u. A. m. Unter den drei Schriftführern des ersten Vereinsjahres ist Felix Mottl zu nennen.

Grunde formale Musiker gewesen. Ein Geist, wie der Richard Wagners, schien dem älteren Wien Traditionen und Besitztümer zu zerstören, ein Geist wie der Johannes Brahms' mochte sie zu erhalten scheinen. Aber nicht das alleine gab den Ausschlag.

Als der Hamburger Meister 1869 zum zweitenmale an die schöne blaue Donau gekommen war, um sie nicht mehr zu verlassen — vielleicht bedurfte er der Sinnenfreudigkeit des Wiener Lebens wie einer Ergänzung seines Ichs — setzte sich um ihn eine literarische Gemeinde zusammen, die weniger mit seinem innersten Anstreben sympathisierte, als sie in ihm einen Hüter der guten Traditionen und einen Überwinder der Häretiker erwartete. Brahms hatte Unglück mit seinen Freunden. Sie stachen mit spitzen Federn nach dem Riesen Wagner, der nicht ein „Kunstwerk für Recensenten", sondern ein Kunstwerk für die Nation geschaffen hatte; so machten sie sich zahllosen Leuten unlieb, und da sie mit denselben Federn Hymnen auf Brahms schrieben, verdächtigten die Anwälte den Klienten. Sie verschärften die Gegensätze, die sie überwinden wollten und es hat sich nicht ohne Ironie so gefügt: die Anführer bekämpften Wagner, im Grunde, weil er ein echt deutscher Künstler war und huldigten Brahms, trotzdem er ein deutscher Künstler war, ein Enthusiasmus, der sich beim Gähnen ertappte.

Wie Brahms selber zu alle dem stand, ist jetzt genauer bekannt geworden: er verehrte Wagner und soll Anton Bruckner, seinen unfreiwilligen Antipoden, den ersten Symphoniker der Gegenwart genannt haben.*)

Genug; der junge Wolf atmete die Luft dieses Milieus, und wuchs nicht als Freund Johannes Brahm's auf. Er war ein Temperament und lebte in einer gereizten Zeit. Aber es ist eine fable convenue,

---

*) Siehe Köstlins „Geschichte der Musik im Umriss". Seite 535. — Brahms schrieb 1888 an J. V. Widmann (Erinnerungen, Seite 83): „Wenn das Bayreuther Theater in Frankreich stände, brauchte es nicht so Grosses, wie die Wagnerschen Werke, damit Sie ... und alle Welt hinpilgerten, und sich für so ideal Gedachtes und Geschaffenes begeisterten." Dagegen E. Heckel (Briefe Richard Wagners, Seite 101) „Ich behielt ... die Überzeugung, dass Brahms es nicht ungern sah, wenn ihn Gegner Wagners als Antagonisten des Bayreuther Meisters ausspielten."

HUGO WOLFS ARBEITSZIMMER IN WIEN

zu glauben, dass er ein simpler Parteiläufer gewesen sei und sämtliche Brahmssche Partituren mit einer Handbewegung abgetan habe; er hätte kein Musiker sein müssen. Keinem Führer folgte Wolf so unbedingt wie seiner Natur, und keine Partei, kein Milieu hätte ihn unfrei machen können. Wo er eine verwandte Sprache klingen hörte, einen warmen Hauch nur aufsteigen fühlte, war sein Künstlerherz wundersam berührt und er gab dem Hamburger Meister offen die Hand. Namentlich gilt es von den kleineren Tonformen Brahms; vor den grösseren symphonischen Arbeiten stand er freilich fröstelnd und fremd — indess er sagt darüber selbst manch aufschlussreiches Wort, und wir finden eines in seiner Besprechung des F-dur-Quintettes op. 88, datiert vom 23. März 1884:

„Wir gelangten mit Erklingen des ersten Satzes in eine entzückend freie sonnige Aue, worin sich's an der Hand des kundigen Komponisten gar herrlich erging. Was wir von Brahms in der letzteren Zeit seines Produzierens gehört, hat uns ziemlich kalt gelassen, vieles davon geradezu abgestossen, so namentlich seine Symphonieen, die von gewissen Kritikern in einer Art verhimmelt werden, dass man ihren schlechten Geschmack, ihre Blindheit bedauern müsste, wüsste man nicht, dass zumeist „Persönlichkeit" die Brille ist, durch die ein Kunstwerk geschaut und danach beurteilt wird ... Hier schwelgt die Phantasie des Komponisten mir in pittoresken Bildern; die frostigen Novembernebel, die sonst über seine Kompositionen sich lagern und jedem warmen Herzenslaut, noch ehe er erklingen kann, den Atem benehmen — hier entdecken wir keine Spur davon; alles ist sonnig, bald heller, bald dämmeriger; ein zauberhaftes Smaragdgrün giesst sich über dieses märchenhafte Frühlingsbild aus; alles grünt und knospet, ja, man hört förmlich das Gras wachsen, — die Natur so geheimnisvoll, so feierlich still, so selig verklärt, — — — der Komponist konnte sich nur mit Gewalt durch raschen Entschluss diesem Zauber entziehen, so sehr hielt ihn die Muse im Banne. Im zweiten Satz senken sich die Schatten tiefer herunter. Der Abend und allmählich die Nacht hüllen die phantastischen Gebilde des wunderlichen Webens aus dem ersten Satze ein. Tiefes Sinnen und Schweigen. Ein lebhaft bewegtes Bild durchschwirrt die tiefe Einsamkeit. Es ist, als ob Glühwürmer ihren Reigen tanzten, so blitzt und funkelt es in den hastigen Figuren der Instrumente. Aber das Bild verschwindet. Die vorige Stille tritt ein, um wiederum durch ein ähnliches Motiv unterbrochen zu werden. In seltsamen Harmonieen, die zwischen Traum und Wachen modulieren, verhallt dieses mysteriöse Tongebilde ..."

Selten wird ein Kritiker für das Allegro und das Grave ed appassionato dieses Quintettes so poesievolle Worte gefunden haben, wie Hugo Wolf, der das Ganze für „ein herrliches Seitenstück zu dem reizenden Sextett in G-dur" hält, obwohl er sich an der kontrapunktischen Trockenheit des letzten Satzes weniger entzündet hatte. Selten wird namentlich ein süddeutscher Kritiker so innerlich warme Worte für den norddeutschen Künstler gefunden haben. Wolf ist also kein „Anti-Brahmsianer" schlechtweg, um diese krause Wortbildung zu gebrauchen, die Gegensätze beider Männer sind typisch, sie sind Gegensätze des Naturells oder besser: Gegensätze des Stammes, und Menschen, die die Heimat in ihrem Blute tragen, können darüber schwer hinaus, denn „Blut ist dicker als Wasser". Brahms, der „Niedersachse von der Wasserkante", stellt den „nördlichsten", Hugo Wolf, der Untersteirer, den „südlichsten" deutschen Musiker dar, wenn man etwa vom alten Jacobus Gallus (Hanl) aus Krain und von Felix Weingartner aus Zara absieht; so bezeichnen Brahms und Wolf die Grenzen des deutschen Vaterlandes, die so weit gezogen sind, dass sich die Hamburger Vierländerin und der steinsteirische Älpler nur durch die Zeichensprache verständigen können. In der Tat muss sich ein Österreicher gemeinhin die verborgenen, man möchte fast sagen verkrochenen Schönheiten Brahmsscher Sätze erst mühselig erobern. Nüchtern sind die Farben dieser Kunst etwa gegen den schimmernden Goldbrokat der Brucknerschen Orchestersätze gehalten — ein C-dur-Accord, von Brahms instrumentiert, klingt wohl ganz anders als derselbe Accord, von Bruckner instrumentiert — und das kühle Melos Brahms', durch die Harmonik bloss hindurchschimmernd, ist uns fürs erste fremd, wenn wir gleichwohl sein artistisches Vermögen, seine Satzbaukunst in Werken, wie den Haydn-Variationen, durchaus bewundern. Die Wurzeln dieser Gegensätze ruhen vielleicht tiefer, als es den Anschein hat. Die einfache Innigkeit des protestantischen Gottesdienstes mit seinem schlichten Gemeindechoral ist einem anderen Volke angepasst, als die des katholischen mit seinem sinnenfreudigen Glanz — der in Italien manchmal ins Theatralische hinüberläuft — seinen feierlich-brausenden Hochämtern und seinem romantischen Marienkultus. Jener Glaube ist einem Volk der Begriffe, das „weniger auf Mystik als auf Sittenlehre dringt", dieser einem Volk von Künstlern, das mehr anschauen als begreifen will, eigentümlich, wie das schon Friedrich Schiller deutlich gesehen hat.*)

---

*) Vgl. Schillers „Geschichte des Abfalls der vereinigten Niederlande". Erstes Buch, zweiter Abschnitt.

Die Gegnerschaft eines Menschen wie Hugo Wolf gegen Joh. Brahms ist denn auch nicht eine des bösen Willens, sondern des starken Blutes: Der eine, bei den katholischen Benediktinern erzogen, ist der Komponist der „Christnacht", der Sänger der schwärmerischen spanischen Marien-Lieder; der andere, als Protestant aufgewachsen, ist der Schöpfer des deutschen Requiems, der Choralvorspiele, der Sänger der „Vier ernsten Gesänge".

Und als Musiker angesehen, greift Brahms auf die herbe Harmonik alter Meister*) zurück, Wolf greift in den Prunk und Glanz der Harmonik moderner Meister; es sind eigentümliche Stimmungsschleier, die Brahms gewoben hat, und Wolf — wie er sich dazu verhielt, darüber hat er einmal ein sehr schönes klares Wort im Gespräche mit Friedrich Eckstein gesagt: Er spielte eben das B-dur-Finale des ersten Lohengrin-Aktes aus der Partitur mit höchstem Schwung, als er plötzlich abbrach und sich zurücklehnend wie aus tiefer Seligkeit heraus flüsterte: „Ja, es ist nicht anders. Die wahre Grösse eines Komponisten wird man immer nur daran erkennen, ob er jubeln kann. Wagner kann jubeln, Brahms nicht."

Und es ist bezeichnend, dass Anton Bruckner einen ganz ähnlichen Gedanken, unabhängig von Wolf, ausgesprochen und ihn so formuliert hat: „Wer sich durch Musik beruhigen will, der wird der Musik von Brahms anhängen; wer dagegen von der Musik gepackt werden will, der kann von jener nicht hefriedigt werden."**)

Was sagte uns mehr?

So schätzte Wolf — vielleicht ohne es zu wissen — Johannes Brahms mit den Massen seiner Natur, mit der Gerechtigkeit des Gemütes ab. Er bekannte es gern, wenn sich sein Herz in der Frühlingswärme eines Werkes auftat, so wie es ihn selber zu erbittern schien, wenn sich sein Herz vor einer „jubellosen" Musik verschloss.

Freilich, auch sein Kunstverstand stiess gegen manches Hindernis,

---

*) Siehe etwa die e-moll-Symphonie; das Hauptthema des ersten Satzes hat hypophrygische, das des zweiten Satzes phrygische Färbung.

**) Erinnerungen an Anton Bruckner. Von Franz Marschner. Ost.-ung. Revue. 30. Bd. I. Heft. Offenbar, fügt der Verfasser hinzu, dachte Bruckner bei solch' packender Musik zunächst an die seiner, der neuen Richtung.

und wo er in Brahmsschen Liedern an sprachwidrig deklamierte Stellen geriet, blieb er wie vor einem Gitter stehen. Er skandierte oft die Verse des Vergeblichen Ständchens, und dass die Melodik den Accent der Sprache verbog, schien ihm, dem feinfingerigen Übertrager, dem Anbeter des Dichterwortes, ein Anzeichen unwahrer Kunst. Und doch, wo er eine Perle fand, pries er ihren Glanz. Brahms' „tiefempfundenes und durchwegs stimmungsvolles" Lied „Von ewiger Liebe" nennt er einfach „herrlich" und rechnet es — in einer Kritik vom 3. April 1887 — zum Besten, „was Brahms geschrieben".

Die Summe seines Urteiles zieht Wolf in einer Kritik der F-dur-Symphonie und sie wirft das letzte Licht auf einen letzten Gegensatz. „Wer darf Wagner leugnen?" ist der Grundgedanke dieses am 30. November 1884 erschienenen Berichtes: „Als Symphonie des Dr. Johannes Brahms ist sie zum Teil ein tüchtiges, verdienstliches Werk; als solche eines Beethoven No. 2*) ist sie ganz und gar missraten, weil man von einem Beethoven No. 2 alles das verlangen muss, was einem Dr. Johannes Brahms fehlt: Originalität. Brahms ist ein Epigone Schumanns, Mendelsohns . . . Er ist ein tüchtiger Musiker, der sich auf seinen Kontrapunkt versteht, dem zuweilen gute, mitunter vortreffliche, zuweilen schlechte, hie und da schon bekannte und häufig gar keine Einfälle kommen . . . Schumann, Chopin, Berlioz, Liszt, die Führer der revolutionären Musikbewegung nach Beethoven (in welcher Periode Schumann ja selbst einen Messias erhofft und sogar in — Brahms) sind an unserem Symphoniker spurlos vorübergegangen; er war oder stellte sich blind, als der erstaunten Menschheit die Augen vor dem strahlenden Genie Wagners auf- und übergingen, als Wagner, gleich Napoleon, von den Wogen der Revolution getragen, dieselben durch sein Machtgebot in neue Bahnen lenkte . . . Wie man anno dazumal Menuett getanzt, resp. Symphonieen geschrieben, schreibt auch Herr Brahms Symphonieen, mag derweilen vorgefallen sein, was will. Er kommt wie ein abgeschiedener Geist wieder in die Heimat zurück, wackelt die schwankende Treppe hinauf, dreht mit vieler Mühe den verrosteten

---

*) Anspielung auf ein bekanntes Wort von Hans von Bülow, der diese Symphonie gerade damals in Wien an der Spitze des Meininger Orchesters aufführte.

Schlüssel um ... und sieht mit abwesendem Blick die Spinnweben ihren luftigen Bau betreiben und den Epheu zum trüben Fenster hereinstarren ..."

Ein bisschen stark gesalzen; aber ein Körnchen Wahrheit ist dabei. Ob Hugo Wolf, wenn er länger gelebt hätte, anders über Brahms hätte gedacht, als wir sahen —? Kaum; in der Hauptsache gewiss nicht. Noch in dem Briefe, den er am 21. Mai 1890 an Kauffmann richtete, steht er fest auf dem alten Standpunkt: „Brahms Schaffen ist die Melancholie des Unvermögens."

Er hatte nun einmal die „Antipathie", sie war ihm als Gesinnung heilig, und so sehr, dass er für sie ein Stück Lebensglück in Scherben schlagen liess. Und doch ist diese Gegnerschaft nichts anderes als jene traditionelle Musikerfeindschaft, die, wie die Geschichte unserer Kunst angibt, zwischen Grossen gar nicht ungewöhnlich ist. Genie isoliert. In diesem Falle jedoch gewann das „Feindschafts-Verhältnis" eine für Wolf gewissermassen nachteilige Färbung, weil nicht Meister gegen Meister, Monarch gegen Monarch, sondern der junge namenlose Musiker, der nichts veröffentlicht hatte, als Kritiken, gegen den auf der Höhe des Lebens haltenden berühmt gewordenen Künstler stand. Wolf konnte in die Wagschale seines Urteiles nicht das Pfund eines grossen Namens werfen, denn seine Meisterschaftsjahre sollten erst beginnen, als seine ersten Hefte erschienen waren; und als er an den Werken seines Lebens schuf, hatte er die Feder des Journalisten schon aus der Hand gelegt.

Ob Brahms es Hugo Wolf nachgetragen hat? Nur mit einem Achselzucken lässt sich bei der Verschiedenheit der Nachrichten vorläufig darauf antworten. Gekannt hat er die Aufsätze im Wiener Salonblatt ganz genau.*)

Vielleicht aber war das Kollegium empfindlicher als der Papst,

---

*) Während eines Lunch bei der Kammersängerin Frau Rosa Papier-Paumgartner erhob sich Brahms mit einem Male und meinte, sein Weggehen scherzhaft motivierend: „Es ist Sonntag; und ich muss mir noch das Salonblatt kaufen, sehen, was Herr Wolf wieder über mich geschrieben hat." — Ein Augenzeuge sah Brahms übrigens herzhaft applaudieren, als Wolfs „Feuerreiter" und „Elfenlied" 1894 im Gesellschaftskonzert (Musikvereinssaal) aufgeführt wurden. Siehe auch den oben, im 2. Kapitel mitgeteilten Ausspruch Brahms' über Wolf.

und vielleicht sühnte es auch ohne Autorisation Ehrfurchtverletzungen im eigenen Wirkungskreise?

Wenigstens die Stimmung oder Verstimmung jener Kreise spiegelt ungefähr ein briefliches Zeugnis zurück, das aus der Feder Hansens von Bülow stammt, eine private Gegenkritik, die besser in das Innere des „feindlichen Hauses" blicken lässt, als es öffentliche Urteile vermöchten.

Als Bülow Ende November 1884 mit dem Meiningenschen Symphonie-Orchester in Wien auftrat, begrüsste Wolf den genialen Dirigenten in einem enthusiastischen Aufsatz. „Ihr habt den Künstler am Piano bewundert. Diesmal soll sein Zauberstab euch Funken der Begeistrung aus Herz und Hirn schlagen." Bülow hatte neben Wagnerschen und Beethovenschen auch mehrere Brahmssche Werke in die Vortragsordnung aufgenommen: Die Symphonie in F, die Haydn-Variationen, die beiden grossen Klavierkonzerte in D-moll und B-dur, deren zweites Brahms persönlich vortrug. Das erste spielte Bülow und verblüffte die Zuhörer dadurch, dass sein Orchester ohne Dirigenten das Konzert exakt begleitete.

Gerade diese Konzerte aber waren der Anlass, bei dem Wolf mit seiner Polemik herausrückte und ganze Breitseiten gegen die Brahmsschen Kompositionen wie gegen die „Brahms-Enthusiasten" abfeuerte, auch schien er sich keinen Reim darauf machen zu können, dass Bülow, der Sturmläufer des Fortschrittes, für diese Kunst so sehr ins Zeug ging, während Bülow die Brahms-Propaganda doch nur aus einem gewissermassen überlegenen Gerechtigkeitsgefühle heraus betrieb.*)

Es scheint nun, das Bülow diese Attacken nicht verwinden konnte, die er entweder selbst nachgelesen, oder, was schlimmer wäre, von denen er nur gehört hatte, und er sah den Verfasser scheel an — noch nach Jahren. Es lässt sich wenigstens aus dem Briefe schliessen, den er an Detlev von Liliencron schrieb. Der

---

*) Er scheint es mit Brahms gehalten zu haben, wie mit A. Rubinstein: „Erst dann, wenn das Gros des urteilenden Publikums gerecht sein wird für Rubinstein, erst dann mag sich der Kritiker erlauben gerecht zu sein gegen ihn." So Friedrich Rösch, ein warmer Verehrer Bülows, in seinen bemerkenswerten „Musikästhetischen Streitfragen". Seite 185.

Poet hatte Hugo Wolf in München kennen gelernt und von dessen Kunst und Persönlichkeit einen prachtvollen Eindruck gewonnen;*) er wendete sich später, vielleicht um seinem Enthusiasmus durch das Urteil eines bedeutenden Fachmusikers noch bessere Motive hinzuzufügen an den ihm bekannten Hans von Bülow mit einer Wolf betreffenden Anfrage. Und er erhielt folgende, Hamburg, den 7. April 1892 datierte Auskunft:**)

„Ew. Hochwohlgeboren

geehrte Zuschrift v. 4. d. habe ich erst heute bei Rückkehr von Berlin erhalten. Genehmigen Sie, ich bitte den Ausdruck meines aufrichtigen Bedauerns, in der Wertschätzung des von Ihnen genannten Wiener Lyrikers mit Ew. Hochwohlgeboren nicht übereinstimmen zu können. Bei aller Anerkennung seiner reichen, zuweilen blühenden Phantasie befindet sich derselbe noch im Stadium recht vorhöfischen Dilettantismusses, was bei einem so federvorlauten Antibrahmsianer (Ev. Matth. XII, 31, 32) nicht Wunder nehmen kann.

Mitten im Kofferpacken — nach dem Süden — in vorzüglicher Hochachtung

      Ew. Hochwohlgeboren ergebenster Diener
          v. B ü l o w."

Da hatte nun Wolf sein Teil dahin.

Zwar nur ein privater Pfeil; doch recht spitz und geschickt

---

*) v. Liliencron erzählt darüber mit der Anschaulichkeit des Dichters: „Hugo Wolf kam eines Tages auf mein Zimmer — ich sah ihn zum ersten Mal — in München Königinstrasse 4. Ich erinnere mich, dass sein erstes Wort, oder eines seiner ersten war: ‚Was heisst das Wort Rotspohn in Ihrem Gedichte: Auf einem Hünengrabe.' Ich erklärte es ihm. Dann waren wir fast drei Tage zusammen: der verstorbene, herrliche (Wagner-)Levy, Gura, Michael Georg Conrad und ich. Wolf spielte uns mehrere Male in einer Klavierhandlung auf der Maximilianstrasse vor, und zwar stundenlang. Seine eigenen wundervollen Lieder und Melodieen. [...] Die kleine gedrungene Gestalt erinnerte mich immer wieder an den Hamburger Leichtmatrosen, namentlich die kurzen Beine mit den Pumphosen. Seine tiefen, herrlichen, oft sehr scharf, ja hart blickenden Augen zeigten den Herrschergeist. Ich habe unsern Hugo Wolf nie wieder gesehen, aber in ewiger Erinnerung steht er vor mir." (Brieflich an den Verfasser.)

**) Frh. v. Liliencron stellte dem Verfasser das Schreiben freundlichst zur Verfügung.

gezielt. Man lächelt vielleicht zuerst über einen Nachmittagsspass; beim zweiten Lesen aber — und das ist ein Billet, das man öfter liest — findet man, dass der Absender, mitten im Kofferpacken noch Zeit gefunden hatte, den alt-geläufigen Hauptgedanken hinter ein Bibelcitat zu schieben, und dass er sehr vorsichtig umblickte, bevor er abdrückte. Wir schlagen das Evangelium Matthäi auf, und finden nach der Heilung eines Blinden und Stummen die Verse:

"Darum sage ich euch: Jede Sünde und Lästerung wird den Menschen nachgelassen; aber die Lästerung wider den Geist wird nicht nachgelassen werden. — Und wer ein Wort wider des Menschen Sohn redet, dem wird vergeben werden; wer aber wider den heiligen Geist redet, dem wird weder in dieser noch in jener Welt vergeben werden."

Also die Sünde wider den heiligen Geist! Nur sagte Bülow, der mit biblischen Graduierungen immer ziemlich freigiebig war, in diesem Falle nicht, wer der heilige Geist gewesen sei, wider den Wolf geredet. Nehmen wir an, Bülow habe den heiligen Geist der Musik gemeint, so ist sein Gedankengang klar. Aber der grosse Mann, dem wir als Mauerbrecher der modernen Kunst, als darstellenden Meister, wie als Erzieher so viel verdanken, war er nicht zu Zeiten auch, wie Wolf einmal treffend sagte: ein Musik-Igelchen? Und habe er damals auch bloss etwa den Mörike-Band oder den Goethe-Band gekannt, konnte es seinem scharfen Auge entgehen, dass hier rein technisch, in harmonischer und rhythmischer Gestaltung ein neues Meistertum sich verkündigte, so recht nach seinem Herzen? Und wenn er nun gar Wolfs Kritiken gelesen haben sollte, — musste ihm nicht aus diesen Blättern ein verwandter, fast Bülowscher Geist ansprechen? Dieselbe Richtung nach Vorwärts, dieselbe helle Begeisterung für den Fortschritt, dieselbe Wucht der Invectiven, derselbe köstliche Witz? Denn, wenn auch nicht an Weitsichtigkeit der Gedanken, und prägnanter Sentenzenbildung — als kritisches Naturell betrachtet, gleicht Wolf niemand mehr als Bülow; er ist, obwohl wärmer und berechenbarer, sozusagen ein Bülow en miniature. Und musste sich Bülow, wenn er nur im Kofferpacken Zeit gefunden hatte, nicht daran erinnern, dass auch er einmal wider den heiligen Geist geredet, damals in jungen Tagen, als er das Wort vom "brütenden Brahms" erfand, jenes drastische Schlagwort, das Brahms überall hin nachlief, und ihm so viel schadete, als ihm die Bülow-Propaganda später nützte, jedenfalls aber mehr schadete, als alle Wolfschen Kritiken zusammen?*)

So kam aus dem Herzen Bülows, des Brahms-Apostels, ein böses Wort hervor, das Bülow, der Musiker, gewiss contre coeur gesprochen hat; ein stacheliges Urteil, aber — „was man scheint, hat jedermann zum Richter; was man ist, hat keinen". Nur Eines kommt noch in Betracht: dass Bülows Sarkasmus das Ventil war, aus dem manch' grosser Schmerz seines Lebens entströmte.

Gerade umgekehrt wie zu Johannes Brahms stand Wolf zu seinem andern grossen Wiener Zeitgenossen: zu Anton Bruckner. So weit ihm nicht schon die Sympathie des Blutes Führer war, mochten es Franz Schubert und Richard Wagner gewesen sein, die ihn zu dem Symphoniker führten, der unter den modernen die stärkste österreichische Note besitzt. Schon früh lief er ihm entgegen. In der Mitte der achtziger Jahre war es, als Bruckner und Wolf sich — an einem Fronleichnamstage — in Klosterneuburg, einem Donaustädtchen von „geistlicher" Romantik, bei Wien gelegen, trafen. Friedrich Eckstein sah beide in langem, tiefem Gespräche. Bruckner hatte den kleinen Musiker auch gern bei sich; in der Wohnung Brucknstrs, in der Hessgasse, musste er öfter erscheinen, er spielte eigene Sachen vor, Bruckner interessierten namentlich daran die harmonischen Führungen und er nannte den kleinen Komponisten, in seiner Art: das Wolferl.

Bruckner, der wie Michel Angelo durch das Leben ging, ohne die Glückseligkeiten der Frauenliebe, und den seine ersten Kritiker il terribile nannten — doch ohne den bewundernden Untersinn, den das Wort für Michel Angelo enthielt — Bruckner hatte Symphonie um Symphonie geschrieben, aber in Wien, wo er lebte und schuf, kam er langsamer als im Auslande, dem er fremd war, zum Worte. Die Kleinen lachten über den Grossen, und er hatte über nichts zu klagen, als über die Genialität seiner Gedanken, die die Zeit verwirrten.

---

*) Friedrich Rösch selbst erklärt: „Ich kann mir wohl denken, dass gerade ernst-besonnene Musiker durch den übertriebenen Bekehrungseifer (Bülows) eher abgeschreckt, als angezogen worden sind. Auch bezweifle ich sehr, ob all die Provokationen, die Bülow unter der Flagge Brahms beging, dem Geschmacke dieses Meisters selbst je besonders entsprachen." Seite 165.

Gerade die Naivetät dieses Mannes und seiner Kunst — dem Norden immer schwerer zugänglich als dem Süden — gerade sie musste Wolf gewinnen. Eine Brucknersche Symphonie, fühlte er, redete den Menschen immer gerade aus an; eine elementare Sprache. Da war kein Zurückhalten, sondern nur ein grosses Herzaufmachen. Die Pracht und der Prunk dieser Werke gaben die Pracht und den Prunk katholischer Kathedralen zum Anschauen, darin die Orgel braust, und ihre Grösse und Kraft erinnerten an die Grösse und Kraft des Buonarotti, der den Erzkoloss des Papstes Julius schuf und das Weltgericht, das sich weiter spannt, als das Auge fürs erste verträgt. Das höchste artistische Feingefühl konnte er Bruckner freilich nicht nachrühmen; er empfand ihn, wie Beethoven als einen ganz reinen Geist, aber doch begrenzt, und darum ins Masslose strebend, wo jener in den Massen bleibt. So folgt er ihm anfangs nur zögernd, trotzdem sein Naturell ihn zu dem Meister trieb, und sein „Parteigefühl" ihn zum Freunde einer unverstandenen Kunst machte.

„Bruckner? Bruckner? wer ist er? wo lebt er? was kann er? Solche Fragen kann man in Wien zu hören bekommen... Bruckner dieser Titane im Kampfe mit den Göttern ist angewiesen, vom Klaviere aus dem Publikum sich verständlich zu machen; eine recht missliche Sache, aber immer noch besser als gar nicht gehört zu werden. Und wenn man im Unglücke noch das Glück hat, weise, begeisterte Interpreten zu finden, wie die Herren Löwe und Schalk, so mag diese erfreuliche Wahrnehmung wohl einigermassen dazu angetan sein, Herrn Bruckner in Anbetracht des höchst ungerechten Vorgehens von seite unserer tonangebenden Musikkritik zu entschädigen."

So tritt Wolf im Jahre 1884 für den wenig aufgeführten Meister ein, dessen Kunst sich in die Internen Abende des Wagner-Vereines flüchten musste, wo Josef Schalk mit Ferdinand Löwe sich des hilflosen Künstlers annahm; aber so gerecht er für ihn, so gerecht ist er auch gegen ihn:

„Der Mangel an Intelligenz, das ist es, was uns die Brucknerschen Symphonieen bei aller Originalität, Grösse, Kraft, Phantasie und Erfindung so schwer verständlich macht. Überall ein Wollen, kolossale Anläufe, aber keine Befriedigung, keine künstlerische Lösung."

Ein bisschen stark gesalzen; aber ein Körnchen Wahrheit ist dabei. Trotzdem steht er nicht an, die Symphonieen Bruckners als die bedeutendsten symphonischen Schöpfungen nach Beethoven zu bezeichnen. „Wie bei Grabbe das Schwelgerische in der Phantasie, der geniale Gedankenflug an Shakespeare erinnert, so meinen wir oft in den grandiosen Themen und deren tiefsinniger Verarbeitung, wie wir sie in allen Brucknerschen Symphonieen finden, die Sprache Beethovens zu vernehmen."

Schon 1886 aber, als er die E-dur-Symphonie vom Philharmonischen Orchester unter Hans Richters Führung gehört hatte, war er dem Meister ganz ergeben. Er fühlte sich tiefer in dessen Melos ein, leistete also eine Arbeit, die von der Liebe begonnen, vom Fleisse fortgesetzt, zum Verständnis führt, und Liebe wie Verständnis fesselten ihn in der Folge gerade an jenes Werk, das an Reichtum der Ideen und Übersichtlichkeit der Formen Bruckners vollendetstes ist: an die vierte romantische Symphonie in Es. Das wundervolle Finale das diese wundervolle Schöpfung krönt, hat Bruckner selbst nicht mehr übertroffen, und es ist das zutreffendste Urteil, wenn Wolf gerade darauf so grosse Stücke hielt. Auch seine Briefe an Ed. Kauffmann, wo sie von Bruckner handeln, zeigen, dass seine Begeisterung nicht stärker als seine Wahrhaftigkeit, und sein künstlerisches Gefühl nicht schwächer als sein „Parteigefühl" ist. Köstlich ist der eine Brief über die erste Symphonie: „bis auf das Scherzo und einiges aus dem ersten Satz verstand ich gar nichts. Ja, der letzte Satz hat mich geradezu empört. Es soll aber kolossal sein." Und durchaus zu unterschreiben ist ein anderer über die achte Symphonie, deren erster Satz „jede Regung zur Kritik vernichtet". Dem „gewaltig erschütternden Adagio" glaubt er nichts „Ähnliches an die Seite stellen" zu dürfen. „Inhaltlich gewiss nicht, während es formell allerdings zumal wegen seiner übermässigen Breite und Ausdehnung nicht ganz befriedigt. In diesem Punkte steht Bruckner Beethoven nach."*)

So dachte Hugo Wolf von Anton Bruckner und — wie bei Brahms — so ist auch hier Beethoven das grösste Mass, das er anzulegen hatte.

Nun liegt die Frage nahe: Wie stand Wolf vor dieser, der Beethovenschen Welt, wie vor der Welt der Klassiker überhaupt?

---

*) Siehe Kaufmann-Briefe, namentlich Seite 59 über die erste Symphonie (aus dem Jahr 1891) und über die achte Symphonie Seite 82, 87 ff. (aus dem Jahre 1893).

Und da wir bisher nur die eine, die moderne Seite seines kritischen Horizontes betrachtet haben, möchten wir uns wohl auch nach der anderen kehren, sollen wir das rechte Bild gewinnen.

Über unsere deutschen Meister möge Wolf also seine Bekenntnisse ablegen, und mit G l u c k die Reihe beginnen. Im November 1884 wurde „Iphigenie auf Tauris" im Hofopcrntheater nach 10 jähriger Pause neu aufgeführt, und Wolf erging sich über dies Ereignis in Betrachtungen, deren Kern folgende Sätze enthalten:

„Sorgfältig wurde der ... Staub, der sich auf der Partitur angesammelt, weggewischt, und siehe da! Das Wunderwerk G l u c k s hielt wieder seinen triumphierenden Einzug in unser Opcrntheater. Von dieser Oper lässt sich wohl nicht, wie sonst von manchem selbst tüchtigen Werke sagen: „Rast' ich, so rost' ich." ... Unser Publikum ist allerdings in seinem Geschmacke so ziemlich heruntergekommen, aber so verderbt, so völlig abgestumpft, so roh, als man mitunter annehmen musste — ist es doch nicht, um sich der Gewalt, dem grossartigen Pathos der Gluckschen Musik entziehen zu können; und die Teilnahme des Publikums gegenüber der ‚Iphigenie auf Tauris' hätte den Komponisten derselben kaum inniger gefreut als mich und vielleicht manchen anderen, den eine so erfreuliche Wahrnehmung ebenfalls entzückte. Mögen aber auch die Funken, die aus den zündenden Blitzen der Muse Glucks in die Brust der Zuhörer gefallen, zur dauernden Flamme erhabenster Begeisterung anwachsen, damit ihnen dieselbe als Leuchte diene gegenüber den Irrlichtern des ‚Mefistofele, der Italiener, Deutschen und Franzosen, da in fast allen modernen Opern der Meyerbeerschen und Wagnerschen Epigonen der verneinende Geist Mephistopheles gar bedenklich herumspukt. Gluck, Mozart und Wagner sei uns die göttliche Dreieinigkeit, welche heilige Drei zu Eins sich eigentlich erst in Beethoven konzentriert. Ihnen verdanken wir die höchsten Genüsse des Lebens. Tiefstes Weh und wonnigster Jubel, die Qualen des Prometheus und die Seligkeit des Nirwana, jede menschliche Regung wird uns in den Tönen dieser Meister erschlossen; durch gänzliches Aufgehen in dieselben werden wir erst unseres besseren Seins bewusst. Ihre Melodieen sind Genien, an deren Hand, über das dumpfe Hinbrüten der Alltäglichkeit hinweggeführt, wir einer Welt zu-. schweben, wie wir sie vielleicht nur in den seligen Träumen der Kindheit geahnt."

Mit wahrer Inbrunst hängt, das sieht man, Wolf an dem Ritter Gluck und den beiden anderen grossen Dramatikern der Deutschen, und er h ö r t e noch die Glucksche Melodie, was heutigen Musikern mitunter recht schwer fällt.

Nicht minder ergeben naht sich Wolf einem anderen alten Meister, dessen Humor bekannter ist als die Tiefe seines Künstlertums: Josef H a y d n :

„Die Schöpfung von Haydn — Welch ein gläubiges kindliches Gemüt spricht aus den himmlisch reinen Tönen der Muse Haydns! Wie ist da alles Natur, Einfalt, alles Anschauung, Empfindung! Welch ein grosser Künstler ist Haydn, dass uns beim Anhören seiner Werke alles Kunstvolle an ihnen gar nicht auffällt und doch, welche Fülle der künstlichsten Formen umrankt seine anmutigen Tongebilde! Sein ausserordentlich feiner Kunstsinn bekundet sich aber ganz besonders auf dem Felde der in neuester Zeit sehr fleissig betriebenen, aber auch sehr anrüchig gewordenen Tonmalerei. In der Tat, wir würden schaudern, ein Sujet, das, wie die „Schöpfung" oder die ‚Jahreszeiten' so viel Gelegenheit zur Tonmalerei bietet, von einem modernen Komponisten behandelt oder richtiger misshandelt zu sehen. Wir würden vor lauter Vorstellungen keine Musik zu hören bekommen... Wie ganz anders verfuhr hier Haydn. Gleich die ersten Takte mit den gedämpften Violinen erregen in uns die Empfindung, einem geheimnisvollen Etwas gegenüber zu stehen. Ein Zauberer, beschwört er das düstere Bild des Chaos. Graue Nebelmassen wälzen sich, von seltsam schillernden Lichtern beglänzt, im wirren Knäuel langsam daher. Horch! was waren das für Stimmen? so ängstlich klagende Laute, so mild-ernste Gesänge? sie verschlingen sich, zerfliessen, verstummen — — —"

Die Haydn-Begeisterung Hugo Wolfs ist nicht etwa blosse „Stimmung"; sie kommt wie seine Klassikerverehrung überhaupt aus tiefster Überzeugung. Und mit dieser Überzeugung schreibt er auch am 10. Februar 1889: „Wie human es aber von unseren Quartettvereinen gemeint sein mag (moderne Komponisten aufzuführen) — ein Stück von Mozart, Haydn oder Beethoven sollte auf dem Programme nie fehlen." Und als ungefähr einen Monat später die Grosse Messe unter Gericke im Gesellschaftskonzert aufgeführt wird, da nimmt Wolf das Wort zu einer herrlich-innigen Aussprache über Ludwig van Beethoven:

„Mit der missa solemnis wurde der 9. März (1889) im grossen Musikvereinssaale festlich und weihevoll begangen. Das Ungeheure, das Beethoven in diesem Werke ausgesprochen, das mit Worten nachzuerzählen wäre wohl ein vergebliches Bemühen. Erhebung, Auflösung, Zerknirschung, Erlösung — was anderes sagen uns diese Worte, als uns eine diesen Begriffen entsprechende Vorstellung so gut als möglich dem sinnlichen Anschauungsvermögen vorzuführen. Was aber kann eindringlicher auf unser sinnliches Apperzeptionsvermögen einwirken, als die Musik? Wer Beethovens missa solemnis gehört, verstanden, gefühlt -- der war eben erhoben, aufgelöst, zerknirscht, erlöst. Es ist die Weltreligion, auf den kirchlichen Text des Christentums aufgebaut und den erlösungsbedürftigen Menschen gepredigt. Wessen Glaube an ein Göttliches so felsenfest steht als der Beethovens, wenn er sein gewaltiges

Credo in die Welt hineinposaunt, der steht erhaben über alles Gemeine, Falsche, Gleissnerische dieses Erdendaseins."

So flüchtete Hugo Wolf aus dem Leben an die Brust der Beethovenschen Kunst.

Nach diesem überzeugenden Credo mögen einige kritische Glossen über die deutschen Romantiker Platz finden. Zunächst über Louis Spohr.

„Den verewigten Spohr könnten über das Missgeschick seiner Symphonieen noch immer die Erfolge seiner Jessonda, zu deren Erzeugung ihn eben ein innerer Drang nötigte, tröstlich sein. Wenn er sich in der Symphonie nicht mit so viel Glück erging als in der Oper, so fehlte ihm eben die Universalität, wie sie nur den allergrössten Genies Mozart und Beethoven eigen war."

Fast ergreifend ist ein Ausspruch Wolfs über Webers „Freischütz": „Welchem Deutschen ist er nicht liebenswert geworden! Welcher Heimatlose hat nicht im Rauschen seiner Wälder, in den Dämmerungen seiner Geisterschatten seine Kindheit zurückgeträumt und ein Asyl gefunden!" Worte, die denen verwandt klingen, die Richard Wagner über den deutschesten aller Komponisten gesprochen hat. Dagegen ist wieder keck und witzig ein Wort Wolfs über Webers Abu Hassan. Der „ungemein drastisch durchgeführte" Chor der Gläubiger „Geld! Geld! Geld!" kommt ihm sozusagen „nach der Natur" komponiert vor, und er meint, dass es Weber hierzu nicht an „Vorstudien" gefehlt haben dürfte.

Heinrich Marschner hat Wolf um seines dramatischen Vermögens willen geliebt, wie C. M. v. Weber um seiner Deutschheit willen, und wir wissen, was ihm namentlich der „Vampyr" bedeutete. Als die Oper am 15. Oktober 1884 im Wiener Hofoperntheater aufgeführt wurde — es war zum erstenmale in Wien überhaupt — legte Wolf sie dem Publikum besonders warm ans Herz: „Da das Werk trotz seines albernen Sujets und trotz seiner 51 Jahre das Publikum förmlich enthusiasmierte, so möge man darin einen neuen Beweis für die grosse Genialität, die eminent dramatische Begabung des Tondichters erblicken, der in Wien nur leider, leider zu sehr verkannt wird." Und am Schlusse des Aufsatzes ruft er noch „Glück zu! Blutsauger!"

Wohl eines der kostbarsten Blätter ist jenes vom 23. März 1884, auf dem der unvergängliche Name Franz Schubert steht.

„Das Quartett Hellmesberger brachte uns diesmal .... das Oktett von Schubert. Horn, Klarinette und Fagott vermengen sich auf eine ganz bezaubernde Art mit dem Streichquartett, das hinwiederum mitsamt den Bläsern auf den Fundamentaltönen des Kontrabasses in einer wahrhaft entzückenden Sorglosigkeit und Gemütlichkeit sich ergeht. Einen babylonischen Turm könnte man auf diesen gewaltigen Bass aufbauen — aber der Meister strebt nicht so hoch hinaus. Nicht mit den Göttern will er hadern, den Olymp nicht erstürmen; kein Titane unter Cyklopen sein. Nein! die lachende Erde in ihrem Frühlingsschmucke, die lebensfrohen Menschen in der Einfalt ihres Herzens mit dem leidenschaftlichen Verlangen nach Genuss und Befriedigung, das ist die Welt, in der sich diese Harmonieen ergehen .... Himmlische Seligkeit durchströmt sein Herz und eine Welt von Güte und Liebe verklärt sich in seinen aus tiefster Brust hervorquillenden Melodieen."

Da — sieht man — ist einem das Herz aufgegangen; hier hörte er „jubeln". Und mit Schubert, dem ersten Heimatkünstler, dem ersten grossen Harmoniker unter den Musikern des 19. Jahrhunderts, hat Wolf sich wohl innig verstanden. Seine Urteile über Schubertsche Lieder gehören auf ein anderes Blatt, denn sie schrieb nicht der Kritiker des Salonblattes, sondern der Liederkomponist Wolf, und über die scheinbare Überhebung, die in brieflichen Äusserungen hervortritt, soll noch besonders verhandelt werden. Der Kritiker Wolf hat sich übrigens der Lieder Schuberts — wie der Schumanns — wiederholt treu angenommen, und es beklagt, dass aus den Hunderten ihrer Gesänge nur immer das „eine" oder „andere brauchbare" Lied sich in unsere Konzertprogramme verirre.

Bei aller Verehrung steht Wolf seinem Schubert aber nicht unkritisch gegenüber und er fühlt, wie bei Bruckner, genau, wo das Sterbliche des Symphonikers beginnt: „Wohl besitzen wir von Schubert ein kostbares Vermächtnis in seiner C-dur-Symphonie; aber aller blühender Gedankenreichtum, der üppigste Melodienzauber, kann uns über das lockere Gefüge ihres symphonischen Baues nicht hinwegtäuschen. Die h-moll-Symphonie ist nicht nur knapper, einheitlicher in der Form, als die in C-dur, in ihren Themen spricht auch der pathetische Schubert ebenso überzeugend, als der elegisch träumerische ... Dem Streben Schuberts, den Spuren des titanischen Beethoven mit jenem Erfolge nachzugehen, dem die Erreichung des hohen Zieles aus lockender Ferne winkt, hat der tückische Tod ein Ende gesetzt. Als hätten die Musen und Parzen sich verständigt, ward ihm von den ersteren das fruchtbare Eiland des Liedes zum Angebinde beschert, das er wohl in der kurzen Zeit seines Erdendaseins durch den überströmenden Quell seiner Melodieen in einen fabelhaften Zaubergarten umwandeln konnte."

Und Schumann? Es strahlt nur so von Wärme, was Wolf über den Poeten des Klaviers zu sagen hat:

„Die C-dur-Phantasie von Schumann! Man muss sie von Rubinstein gehört haben, um dieses wundervolle Tonstück so recht in sein Herz zu schliessen. Ich hatte die Empfindung, als ob Schumann den Grundton des eigentlichen Wesens der Romantiker, jenen schmerzdurchtränkten Naturlaut, der durch alle Wirrnisse des Lebens durchklingend, zuletzt in ein sehnsüchtiges Hinüberträumen nach dem Einklang mit der Natur erstirbt, in dem ersten Satz seiner Phantasie angeschlagen, und in den aufrauschenden und sanft verhallenden gebrochenen Akkorden habe ausklingen lassen — ein Schwanengesang der Romantik."

Etwas kühler denkt er freilich von Felix Mendelssohn; zwar ist es nicht viel was Wolf über ihn geschrieben, aber das Wenige ist gerecht. Die Stelle handelt von der Ouvertüre zur „Hochzeit des Gamacho":

„Mendelssohn legte in dieser Ouvertüre, die er in seinem 16. Jahre schrieb, Zeugnis von seiner frühreifen Begabung ab. Die Komposition ist hübsch, freundlich, gefällig und ebenso klar und durchsichtig, wie seine späteren Meisterwerke, die er im Alter von einigen zwanzig Jahren schrieb."

So viel von unseren deutschen Meistern; seien es auch nur einige Blätter aus dem Kataloge aller kritischen Bilder, die Wolf entwarf, sie bezeugen hinlänglich, auf welch gesunden Fundamenten er gestanden hat. Und dazu hatte er ein gutes Recht modern zu sein.

Ein eigenartiger Zug ist in dem Porträt des Kritikers zu erkennen: sein starkes Heimatgefühl, mehr noch ein gewisser, ausgeprägter Germanismus. Aus einer Reihe von Arbeiten tritt er uns entgegen.

Für den liebenswürdigen Landsmann Robert Fuchs, diesen feinen Genremaler, hat Hugo Wolf — er sprach über ein Klavierpräludium in D — die herzlichsten Worte der Anerkennung. Dagegen lehnte er ziemlich schroff fremd-nationale Musiker ab wie Gade, oder Grieg, dessen a-moll Konzert ihm nur ein „musikähnliches Geräusch" war, oder die Russen, von denen er allerdings Glinka und Tschaikowsky sehr hoch hielt, oder die Tschechen, deren einziger ihm sympathischer Kopf Friedrich Smetana war.

Aufs heftigste konnten Wolf Werke wie etwa Boitos Mefistophele erbittern. Als diese Oper im Frühjahr 1884 über die Alpen nach Wien kam und hier auf dem Spielplane verblieb, schrieb er eine Philipika um die andere voll tiefster Entrüstung. Eine vom 11. Mai:

„Bezeichnend für die Korruption unseres Theaterpublikums sind die fortgesetzten Aufführungen des Mefistofele, dieses Schandwerkes, das zu kennzeichnen kein Ausdruck schlecht genug sein kann. Dass Wien keine deutsche Stadt ist, oder doch kein deutsches Theaterpublikum kontingiert, wird uns an dem Beifall, den dieses Publikum der elenden Karikatur des Goetheschen Faust zollt, leider zur traurigen Gewissheit. Der Deutsche, so langmütig er ist, so viel er über sich ergehen lässt, würde nie und nimmer zugeben, dass der Stolz seiner Nation Goethes Faust vor seinen Augen geschändet werde, dass man ihm zumute, in einer Fratze sich zu beschauen, zu welcher der Goethesche Faust, dieses ergreifende Spiegelbild deutscher Art herabgewürdigt wird ... So aber ist es mit unserem Publikum beschaffen und solange solche Zuhörer die Räume unserer Theater und vor allem des Opern-Theaters besetzen werden, so lange wird die Geistlosigkeit, der Schmutz, die Pöbelhaftigkeit, die Lüge unseres öffentlichen Kunstlebens triumphieren über jedes wahrhaftige Kunstwerk — — — über den Adel der bei uns so viel wie verschollenen Opern Glucks und anderseits über die genialen Offenbarungen des bei uns frech verleugneten, nichts desto weniger aber doch grossen und unsterblichen Komponisten Franz Liszt."

Ein paar Tage vorher hatte er die Aufführung von Ponchiellis „Gioconda" mitgemacht, und die Partitur förmlich in Stücke gerissen:

„Ein ungemein schwächliches Produkt, das hoffentlich recht bald und für immer vom Repertoire verschwinden wird In dem Verfasser des abgeschmackten Librettos, das aus den abgebrauchtesten Lappen der ordinären brutalsten Knall-Effekte gebraut ist, will man den berüchtigsten Arrigo Boito erkennen, der sich hinter dem Anagramm Tobia Gorria versteckt ... Um den musikalischen Teil dieser Oper ist es übrigens nicht viel besser bestellt, als um den textlichen (um das Wort dichterisch nicht zu gebrauchen). Vor allem fehlt dem Komponisten Ponchielli die Originalität. Er hat eine Dutzendphysiognomie, seine Phantasie den Gang eines störrischen Esels, der nach jedem zweiten Schritt über den erstgetanen nachgrübelt. — Die Gioconda ist nur für den Sänger und nicht für das Publikum komponiert. Darin liegt der ärgste Tadel ausgesprochen."

Dass ein deutsches Theaterpublikum an Erzeugnissen wie den beiden zuletzt genannten nichts verlieren kann, als seinen guten Geschmack, ist durchaus richtig, und es ehrt einen Kritiker, wenn er wie Wolf „welschen Dunst und welschen Tand" abwehrt, den man ins deutsche Land pflanzt.

Von allen fremden Nationen sind es die Franzosen, für die Wolf noch die stärksten Sympathieen hat. Chopin öffnet ihm eine Quelle des Genusses, königliche Ehren aber gibt er einem Meister anheim, dem deutschesten aller Franzosen: Hector Berlioz. „O, wie verehre, wie liebe, wie bete ich Schumann an, wärs auch nur um dieser einen Kritik willen" ruft Wolf einmal mit strahlenden Augen aus, und er meint damit den berühmten Aufsatz Rob. Schumanns über Berlioz' phantastische Symphonie. „Berlioz' Notenzeichen sind „im Klavierauszuge eingetrocknete Mumien, dagegen gemahnen die Partituren dieses Meisters an die Zauberbücher des Prosper Alpanus im Klein Zaches, darin Kopf und Hals, Punkte, Pausen, Notenschlüssel und Taktstriche ein geisterhaftes Leben führen." Gleich in seiner ersten Kritik bekennt Wolf seine Berlioz-Liebe. Hans Richter hatte Webers „Aufforderung zum Tanz" in der bekannten Instrumentalbearbeitung von Berlioz aufgeführt.

„Es ist als ob die Geister des Champagners ihren tollen Karneval feierten mit einer wundersüssen kleinen Prinzessin, die sie in ihrem Übermute entführt und die nun darob betrübt in der rührenden des-moll-Klage der zärtlichen Hoboe ihren kindlichen Schmerz aushaucht und wie ein Kind auch gleich hernach an dem munteren Getriebe ihrer lustigen Entführer sich ergötzt. In diesem instrumentalen Virtuosenstück hat Berlioz durch liebesvolles Versenken in das kerndeutsche Wesen Webers seiner schwärmerischen Verehrung für den Komponisten des Freischütz den schönsten Ausdruck verliehen."

Und die Cellini-Ouvertüre hebt ihn in einen wahren Himmel von Begeisterung:

„Die Philharmoniker haben ihr erstes Konzert mit der Ouvertüre zu Benevenuto Cellini eröffnet. Ich gehe im Geiste und in Musikatalogen die Meisterwerke aller Zeiten und Länder durch, um ein Stück zu entdecken, das sich als Einleitung besser geschickt hätte als die Berliozsche Ouvertüre. Vergebens. [...] Nenne mir einer eine Ouvertüre, deren Einleitung festlicher, jubelnder, rauschender dahinbraust, als die 22 Takte der Cellini-Ouvertüre — die Weberschen Ouvertüren inbegriffen, denen es an Zündstoff doch wahrlich nicht mangelt. Und diese plötzliche Spannung, die mit dem Thema des Kardinals in den pizzikierten Bässen eintritt (was werden wir nun weiter zu hören bekommen?) und, wie die Holzbläser und später die Violinen, Bratschen und Violoncelle die wundersüsse Melodie intonieren, die im Verlaufe der Oper das auf der Bühne dargestellte groteske Possenspiel durch den bestrickenden Zauber ihrer Schönheit weit über seine niedrige Sphäre hinaushebt —"

Und doch, so sehr Wolf von dem Rhythmiker und Koloristen, dem grossen, feurigen Idealisten angezogen war — auch vor ihm machte er nicht nur Bücklinge, auch ihm sagt er zu Zeiten männlich offen seine kritische Meinung. Sehr wichtig ist namentlich seine Besprechung der grossen Lear-Ouvertüre. „So wundervolle Momente sie enthält, — ein charakteristisches Seelengemälde in dem Sinne wie die Coriolan-Ouvertüre von Beethoven, Wagners Faust-Ouvertüre oder die Ouvertüre zu Manfred von Schumann" findet er „in ihr nicht ausgedrückt". Denn er mochte wohl fühlen, dass diese deutschen Meister von ihren Helden sangen, Berlioz über seinen nur sprach, und ebenso mochte er über die formale Entwickelung Berliozscher symphonischer Werke nicht im Unklaren sein. Er vergleicht den Franzosen mit Franz Liszt, dem er schwärmerisch zugetan war, sehr eingehend und meint, dass „die dichterische Idee bei Berlioz nur auf den musikalischen Gehalt, bei Liszt aber auch auf die musikalische Form bestimmend gewesen" sei.

Schon im abnehmenden Viertel der Begeisterung Wolfs steht dagegen ein anderer moderner Franzose: Saint-Saëns. Madame de Serres hatte im Januar 1887 einen Saint-Saëns-Abend veranstaltet, und von allen Dingen, die da serviert wurden, gefiel Wolf noch am meisten das bekannte Trompeten-Septuor.

„Dieses, namentlich durch die geschickte Verwertung der Trompete effektvolle Tonstück besteht gerade durch seine Kürze. Etwas länger und die Komposition würde uns langweilen. Dieses weise Masshalten und die schlagfertige Kürze ist bewunderswert und durchaus nicht zu unterschätzen. Wie mancher deutsche Komponist könnte Saint-Saëns um diesen Vorzug beneiden, einen Vorzug der allen französischen Komponisten eigen ist, keinem unter ihnen aber vielleicht so gut zu statten kömmt, als Saint-Saëns, der „witziger" als seine übrigen Landsleute (Massenet und Massé kenne ich nicht) komponiert, und wohlwissend, dass Kürze die Seele des Witzes ist, aller empfindsamen Redseligkeit behutsam aus dem Wege geht und nur einmal oder höchstens zweimal eine Gefühlstaste antippt, um dann gleich wieder in seine seltsam schillernde Redeweise zurück zu verfallen, die oberflächlich, aber nicht ohne Esprit ist. Merkwürdigerweise gilt Saint-Saëns bei den Franzosen als Klassiker, als schwer verdaulicher als gelehrter Komponist und der Himmel weiss was noch."

Man wird dieser vor sechzehn Jahren geschriebenen Kritik heute kaum etwas beizufügen haben.

Aus dem reichen, bunten Musikleben Wiens traten dem Kritiker auch eine Reihe **reproduzierender Künstler** entgegen, und aus der Fülle der verschiedenen Gestalten mögen hier — auch nur die Grössten und Grösseren — im kritischen Bilde festgehalten werden.

Von den Wiener Dirigenten soll Hans **Richter** genannt sein, damals Hofopernkapellmeister und Leiter der philharmonischen Konzerte. Wolf hatte die Bedeutung und die Tatkraft dieses verdienstvollen Mannes tief erkannt und er spricht gleich zu Anfang von dem Philharmonischen Orchester, diesem „vielköpfigen Virtuosen, der sich wiederum in seinem genialen Kapellmeister Hans Richter zu einer unvergleichlich harmonischen Einheit konzertriert". Und daran hält er fest. Nach einem Konzert des Wagner-Vereins schrieb er: „Das Orchester unter Hans Richters Leitung bildete ... den Glanzpunkt des Abends. So plastisch hat sich uns das Schlussbild der Götterdämmerung nie entrollt, als in dieser jüngsten Orchesterleistung. Die Wirkung war eine zermalmende und zugleich erhebende." Wolf sah diesen Künstler, den Bayreuther-Festspiel-Dirigenten als einen Wagner-Dirigenten de pur sange an, und ebenso wenig wie in Bülow, konnte er sich in Richter zurechtfinden, wenn er ihn für Brahms wirken sah. Das ging ihm wider den Strich, und er hielt damit gelegentlich nicht zurück. Auch sonstige Meinungsverschiedenheiten — wie über die Zeitmasse des Siegfried-Idylles — sprach er ungeniert aus, denn er mochte mit Schumann denken, dass er das Gute nur halb verteidige, wenn er sich nicht auch getraue das — seiner Meinung nach — Schlimme anzugreifen.

Hans von **Bülows** Dirigentenkunst sahen wir Wolf schon oben mit feurigen Zungen verkünden. In jenem Begrüssungs-Artikel kann er sich gar nicht erschöpfen; er schwärmt von dem Meininger-Orchester, das

„unter Bülows Dirigentenstabe zum unmittelbarsten Reflektor seiner künstlerischen Individualität wird (wie in gleichem Verhältnisse der im innersten Kern erfasste musikalische Gehalt eines Tonwerkes sich in Bülow äusserst empfindlich-musikalischen Apprehensionsvermögen getreu sich wieder spiegelt), das zum innigsten Vertrauten seines Dirigenten geworden ist, zum Echo seiner Stimme, seines Herzschlages, seiner Gedanken, — das sich zu seinem Dirigenten verhält, etwa wie der Stahl zum Magnet verhält — wie einer höheren Naturkraft — blindlings folgend, kurz, das nichts anderes ist, als ein grösseres, farbiger tönendes unendlich ausdrucksvolleres Klavier unter Bülows Händen."

Wolf blieb übrigens auch einer der wenigen Kritiker, welche Bülow die schneidige Ansprache an das Wiener Publikum im Konzert vom 1. Dezember 1884 nicht übel nahmen.*) Auch über Bülow, den als Darsteller klassischer Klavierwerke, weiss der Kritiker damals nur das Allerhöchste auszusagen:

„Alle Welt kennt Bülow als Klaviervirtuosen, unter denen er als Vertreter des klassischen Programmes, namentlich der Beethovenschen Klavierwerke der Ersten einer ist, wie dieser Künstler überhaupt als eine der wenigen tröstlichen Erscheinungen im Gewimmel unserer modernen Klavierspieler den Schwerpunkt seines Könnens in eine tiefere Auffassung, eine durchgeistigte, möglichste objektive Wiedergabe des Inhaltes grosser Meister [— —] legt, im Gegensatz zu den witzelnden naseweisen Jüngelchens aus der Liszt-Schule, die im maschinenmässig-geistlosen Akrobatentum, äusserlichem Geflunker, Bock- und Narrensprüngen und sonstigem lächerlich-abgeschmackt dummen Zeugs das Endspiel der erträumten Meisterschaft erblicken..."

Ja, Wolf steht nicht an, den Beethovenspieler Bülow über Anton Rubinstein zu stellen. Rubinstein veranstaltete im Februar 1889 und November und Dezember 1885 in Wien cyklische Klavier-Vorträge und wurde enthusiastisch gefeiert; was Wolf aber besonders an dem russischen Meister rühmte, war seine Lisztsche Noblesse: sieben Klavierabende für unbemittelte Musiker und Kunstfreunde gratis zu geben. Er grüsst die Erscheinung des Künstlers mit einem hellen „Evoe!" der Begeisterung, hier stand er einem Temperament gegenüber:

„Wie Gulliver unter die Lilliputer, tritt Anton Rubinstein unter den Schwarm unserer modernen Notenquetscher, jeder Zoll er selbst, ein Fixstern unter den elenden Sternschnuppen, eine Individualität durch und durch. Wie er Chopin, Schubert, Tschaikowsky und selbst die Schumannsche Sonate in fis-moll spielt, das wird ihm niemand vergessen."

Aber den Vortrag Beethovenscher Sonaten hörte er nur mit einem Kopfschütteln an, und er schreibt (im Februar 1889):

---

*) Bülow polemisierte gegen eine abfällige Zeitungskritik, und stellte dann dem Publikum die Wahl frei zwischen der Beethovenschen Egmont-Ouvertüre und der Akademischen Fest-Ouvertüre von Brahms. Als die „Stimmen aus dem Publikum" meistens „Beethoven" riefen, erwiderte Bülow ironisch: Wenn im Jahre 1810 einem Publikum die Wahl freigestanden hätte, zwischen Beethoven und Weigl, dann würde es sich ebenso für Weigl entschieden haben.

„Da tut's ihm Bülow vor, der uns vor 3 Jahren die letzten 6 Beethovenschen Sonaten hören liess, und zwar in so vollendeter Wiedergabe, dass wir sofort überzeugt waren: so und nicht anders müsse man Beethoven spielen. Das grauenhafte Überhetzen der Tempis, die unerhörte Willkür im Vortrag, die Nonchalance, womit Rubinstein besonders hervortretende Stellen, wie die recitativische Phrase im ersten Satz der d-moll Sonate behandelt u. s. f., das alles waren dunkle Flecken an dem lichten Ruhme seiner virtuosen Heldentaten..."

Je öfter Wolf aber Bülow hört, desto stärker fühlt er den Pianisten den didaktischen vor den rein künstlerischen Zweck rücken, und die auseinanderlegende, analytische Methode Bülows stösst ihn ab; er hörte Klavier-Kurse und wollte -Konzerte geniessen. So ist er 1887 von seinem früheren Abgott wieder abgefallen:

„Bülow macht den Eindruck eines Menschen, der Maler werden will, über die Anatomie des Körpers aber nicht hinauszukommen vermag... Keiner versteht sich aufs Flicken und Leimen so gut, als er, wie denn dieser Prosektor seine Zuhörer stets nur auf die Anatomie der Leber und der Niere, anstatt auf den pulsierenden Schlag des Herzens verweist."

Und Hugo Wolf, dem deutsch-fühlenden Künstler und Menschen, ist dieses das Kunstwerk zerlegende Spiel ebenso zuwider, wie die Prager Affaire*) Bülows, die er mit einer Fülle von Witz abtut.

1884 hörte er noch einen dritten grossen Pianisten: Arthur Friedheim.

„Wenn wir Liszt den Klavierlöwen, Rubinstein den Klaviertiger nennen, so heissen wir den jugendlichen Virtuosen Arthur Friedheim den Klavierpanther... Er ist der Liszt-Interpret par excellence. Wenn er sich erst klären und in den Geist der Schöpfungen Beethovens tiefer eindringen wird, winkt ihm die Meisterschaft, zu der ihm sein rastloses Streben den Weg öffnen und seine geniale Begabung die Spitze derselben erklimmen lassen wird."

Wohl den reinsten Eindruck scheint Wolf aber von Eugen d'Albert erhalten zu haben, den er im Januar 1885 das „wunderherrliche" Es-dur-Konzert von Beethoven spielen hörte.

„Herr Eugen d'Albert gehört unstreitig zu den am meisten begabten reproduzierenden Künstlern der Gegenwart, und ich möchte fast glauben, dass die Zukunft ihm allein angehören wird." Nur „war der Chopinsche As-dur-Walzer — an sich reizend — ganz und gar nicht angetan, unmittelbar nach dem Es-dur-Konzerte gehört zu werden."

---

*) Hans von Bülow erhielt in Wien damals den Spitznamen Hanusch von Bülow.

Nach den Klavier-Löwen, -Tigern und -Panthern bleibt nur noch ein Klavier-Teufel übrig, und dieses Epitheton erhält 1887 der Pianist Moriz R o s e n t h a l:

„Unvorbereitet wie er war (er hatte nicht mehr Zeit, in den Frack zu schlüpfen) raste dieses Klavierteufelchen wie eine Sündflut, dass es nur so zischte, über die Tasten her. Er spielte ganz gottlos (göttlich klingt zu gewöhnlich) und bewies uns an diesem Abende haarscharf, dass der Teufel das oberste Prinzip der Kunst sei."

Und neben dem „Klavier-Teufel" brachte das Jahr 1887 noch einen „Violin-Teufel" nach Wien: den Geiger César T h o m s o n:

„Nun sollte — — er an die Reihe kommen und er kam auch. Aber ich wollte nicht glauben, dass dies Herr Thomson sein könne. Ich glaubte einen dem Grabe entstiegenen Vampyr zu erblicken und unwillkürlich summte ich den Refrain der Marschnerschen Ballade: Bewahr' uns Gott auf Erden, ihm jemals gleich zu werden ... Die Wirkung war eine ausserordentliche ... Herr Thomson spielte den Satan auf seinem Instrumente und seine Geige klingt, als ob ein unsichtbarer Höllenchor die infernalisch schwermütigen Klänge, wie sie verblutend derselben entströmen, accompagnierte. — — Wie spielend er die ruchlosesten Schwierigkeiten überwindet: Oktavengänge von den denkbar oder vielmehr undenkbar höchsten Lagen bis in die tiefsten mit Blitzesschnelle durchrast, dazwischen pizzikiert und trillert und singt und kratzt — — — und das alles fast zu gleicher Zeit — — — ist das eine menschliche Kunst? Sind das nicht Blendwerke des Satans?"

Sehr fein wägt Hugo Wolf die Eindrücke ab, die Sänger und Sängerinnen machten, so wie er das Technische der Kunst genau übersieht. — Einer seiner Lieblinge war Paul B u l s s, den er wegen seiner Löwe-Vorträge hochschätzte, und den er förmlich auszankte, als er einmal keinen Löwe sang. Frau S c h u c h - P r o s k a kannte er „als eine der zierlichsten, anmutigsten Soubretten im Opernfache" und rühmt „die ungekünstelte, geschmackvolle Vortragsweise, deutliche Phrasierung und Feinheit der Pointierung", die ihren Liederreproduktionen, namentlich im humoristischen Genre, wie z. B. dem Wiegenlied von L ö w e, einen ganz unbeschreiblichen Reiz verliehn."

Dagegen war Wolf auf manche andere gepriesene Gesangsgrösse schlecht zu sprechen und namentlich „Säusler" haben ihm das Leben verbittert. Es ist schwer, das Richtige da auszuschreiben, denn Sänger sind empfindlicher als gesprungenes Porzellan, zumal, wenn sie einen Hieb schon aushalten mussten. So sei nur

„schliesslich noch des von ... veranstalteten Liederabends gedacht. Der übervolle Konzertsaal bewies schon, dass den glücklichen Besitzer einer Eintrittskarte ganz Besonderes erwarte. Das entzückte Publikum liess sich von seiner säuselnden Vortragsmanier auch willenlos hinschmelzen und selbst der grämlichste Kritiker konnte sich über dieses gegenseitige smorzando eines freundlichen Lächelns nicht erwehren." — —

Im übrigen verweise ich auf die vier stattlichen Bände des Salonblattes, in denen noch manches schöne und gute, amüsante und wahre Wort über Sänger wie Instrumentalisten zu finden ist: über die Künstler der Hofoper, welche damals wirkten, über Gäste wie Wachtel, Mierzwinski, Emil Götze, über den Klavier-Virtuosen Alfred Grünfeld, die Cellisten Popper und Heinrich Grünfeld e tutti quanti.

Genug der Namen!

Schon während ich auf die Bände des Salonblattes verwies, fühlte ich auf mir die fragenden Augen des Lesers: „Ja, wo sind sie denn zu finden?" Und auf diese Frage muss ich leider antworten: Nicht im Buchhandel. Auch nicht in jeder Bibliothek. Sondern nur etwa in der Wiener Hof- in der Wiener Universitätsbibliothek, oder in der Redaktionsbücherei des Salonblattes. Dorthin muss einer sich bemühen, der von Hugo Wolf als Kritiker Näheres erfahren möchte. Denn bis jetzt hat man seine prächtigen, geist- und gemütvollen Arbeiten, Studien, die ebensoviel Wärme, als Licht, ebensoviel musikalische wie literarische Reize enthalten, nicht gesammelt oder in kluger Auswahl in einem netten Bande erscheinen lassen.

Sonst pflegen doch „gesammelte Aufsätze", die einzeln ein Stilleben „unter dem Striche" führten, an die Oberfläche der Welt gerne gerettet zu werden. Und hier handelt es sich nicht um ein paar gleichgültige Zeitungskritiken, sondern um ein Stück Leben, nicht um flüchtige Tagesarbeiten, sondern um Bekenntnisse, um Glaubenssätze eines deutschen Künstlers. Steht dann nur zu hoffen, dass die opera selecta Hugo Wolfs ihren Herausgeber finden.

Nur kurze Zeit war Wolf zu seinem Glück — Journalist, und er hat kein Jubiläum mit Bankett und Champagner gefeiert. Aber er ist ein Charakterkopf des deutschen, im besonderen des Wiener musikalischen Journalismus geworden, und einer der sympathischesten. Wo immer man zu lesen beginnt, sofort hat man den Eindruck: eine Persönlichkeit spricht. Kein fahriger Impressionist, kein ausgekühlter

SCHLOSS GSTATT BEI ÖBLARN

Kalkulant, sondern ein Künstler, in dem sich das Leben wiederholt. So sieht man durch diese Persönlichkeit ein Stück musikalischer Geschichte Wiens, sieht es, wie er, wie es die Jugend sah, das neue Geschlecht, die Söhne. Das Bild ist farbig, aber nicht gefärbt, es ist nicht objektiv — könnte es so sein? — es ist subjektiv — aber legitim.

Es war ein Glück für Hugo Wolf, dass er endlich der Presse den Rücken kehrte; sie verlor an ihm ein Talent und einen Charakter, er ein Honorar. Was sollte er, der nur Ansichten aussprach und nicht Rücksichten diente, in diesem gefährlichen Berufe auf die Dauer anderes, als sich zahllose Feinde machen? Und er hat sich so viele Feinde geschaffen, als er Kritiken schrieb.*) Er war reizbar und jung und lebte in erregten Zeiten, da fiel mancher Klaps stärker aus, als es gerade notwendig, manches Wort provokanter, als es ratsam war.

Im Mai 1887 musste Hugo Wolf an das Sterbebett des Vaters eilen. Da hörten die mit seinem Namen unterschriebenen Kritiken im Salonblatt auf; er war Merker gewesen und wurde bald der Meister.

---

*) Während des Druckes dieses Bandes erschien in der Wiener „Zeit" ein höchst bemerkenswerter Aufsatz von Richard Specht: „Ein Gespräch mit Brahms". Danach habe Brahms Wolf nichts nachgetragen, sondern geäussert: „Damals haben wir viel über den närrischen modernen Davidsbündler gelacht, wenn ich seine wilden Kritiken, die ich Tag und Nacht bei mir trug, zum besten gab; aber damals haben wir nur die Aufsätze gekannt, heute weiss man, dass er ein ernster Mensch war, der ernstes gewollt hat, und die Hauptsache ist schliesslich doch der Ernst, auch wenn spasshaftes dabei herauskommt". Über Wolfs Werke urteilte er nicht mit Worten, sondern blieb bei seiner Empfindung. Bruckner aber hat Brahms nach dieser Quelle fast „zornig" abgelehnt.

VI. Kapitel.

Ahnung und Gegenwart.

(1884—1887.)

„Leben kann man nicht von Tönen,
Poesie geht ohne Schuh ..."

Auch in diesen Jahren fällt für Hugo Wolf noch kein besonderes Los aus der Urne des Lebens.

Vielleicht darf ein Inserat, das im Salonblatte kurz nach Wolfs Eintritt einigemale erschien, auf ihn bezogen werden, ein Inserat, hinter dessen trockenen Worten die Bedürftigkeit hervorschaut, denn es spricht die Bitte um Lektionen aus:

„Ein Musiker wünscht Unterricht in Klavier und Harmonielehre, Contrapunkt etc. etc. zu geben. Derselbe wird von der Redaktion dieses Blattes bestens empfohlen und werden auch die nähere Auskünfte erteilt."

Not und Sorge stehen treu zu dem deutschen Musiker, der vom Ertrage seiner Feder nicht leben kann, und begleiten ihn über die Schwelle des Mannesalters. Er haust noch immer in hochgelegenen Zimmern oder von Freunden eingeräumten Wohnungen, viele grosse Schmerzen und wenige kleine Freuden suchen ihn heim, und doch ist es ein schönes Leben, denn ein lieber, treuer Mensch mit einer weichen, tiefen Seele hat es geführt.

Mit Ungeduld erwartete Wolf den Ablauf seines ersten „kritischen" Semesters; die Brust wird ihm weit, als der Frühling wieder ins Land ging, und, der er „in sein Museum gebannt" ist, strebt hinaus aus den Gassen der Stadt. Sehnsuchtsvoll leitet er seinen Musikbericht vom 13. April 1884 ein:

„Mit dem Abschluss der philharmonischen und der Gesellschaftskonzerte stirbt die Konzertsaison eines natürlichen Todes. Was nun an Konzerten darauf folgt, führt eine Scheinexistenz, weil kein Bedürfnis vorhanden ist, Musik zu machen, noch solche zu hören. Die wieder erwachende Natur lockt jetzt mit weit kräftigerem Zauber die Enthusiasten in ihr Wunderreich, als die schönste Musik in den dumpfen Konzertsaal. Der Gesang der Vögel, das Summen der Käfer, munteres Wellengemurmel, das leise Getön lauer Frühlingslüfte, all das geheimnisvolle Regen und Weben der neu geschmückten Erde — welche himmlische Musik! Man braucht kein Abonnent oder Gründer zu sein, solche Musik zu hören, sich an keine bestimmte Zeit binden, keinen zerstreuten, gaffenden, kritischen, gefühlsrohen Nachbar ertragen. Eines schönen Tages geht man mit Eichendorff:

„So jubelnd recht in die hellen,
In die singenden, klingenden Wellen
Des vollen Frühlings hinaus."

Das aufmerksame Ohr hört da die wundervollsten Symphonieen, Lieder und Chöre, wie sie kein Mensch noch nachgedichtet. So bleibt uns die Himmelskönigin Musik Sommers- und Winterszeit hindurch ein lieber, treuer Gefährte."

Nun kam der Sommer, und all diese Sehnsüchte sollten gestillt werden. In Obersteiermark, im Bezirke Gröbming, lebte Wolfs Schwager Josef S t r a s s e r, der als k. k. Steuerinspektor amtierte und mit Frau und Kindern das alte Schloss G s t a t t bei Öblarn bewohnte. Der Ort liegt im Ennsthal; gerade gegenüber glitzert die Sonne auf der Einmündung des Walchernbaches und zwischen Baum und Busch haben sich arbeitsame Schmieden, lustige Mühlen und Sägen aufgetan — es ist ein reizender Erdenfleck. Dorthin war Wolf eingeladen worden, auf Gstatt brachte er auch die Ferien zu, und in seinem einfachen Zimmer war er froh wie ein König. „Ansprüche" machte er nicht, und die Beamtenfamilie machte keine „Geschichten"; er war ihr lieb und so war's ihm recht.

Des Vormittags arbeitete er zumeist; niemand durfte ihn in seiner Klause stören. Wenn die Schwester zum Essen rief, breitete er die Arme rasch über die Papiere und wurde ärgerlich: „Muss denn schon wieder der Kadaver gefüttert werden?" Nachmittags braute er sich eigenhändig seinen schwarzen Kaffee — leider immer in unmässiger Stärke — dann gings zum Klavier, wenn nicht zum Spaziergang in die Berge. Traulichen Umgang pflag er dort mit seinem altvertrauten Heinrich von Kleist. Die Penthesilea, in der Kleists „innerstes Wesen, der ganze Schmerz zugleich und Glanz seiner Seele" ruhte, beschäftigte ihn stark, vor allem aber gab ihm der P r i n z   v o n   H o m b u r g zu schaffen. Diesen Stoff gedachte er zum

Inhalt eines grösseren Instrumentalwerkes zu machen und war tagelang verdrossen, wenn's nicht vorwärts ging, und, fortwährend auf der Motivensuche, sprang er vor Jubel hoch, als er endlich — es war in Schladming — mit sich ins Reine kam. Die Trauermusik aus dem Prinzen Homburg soll nach Fr. Ecksteins Zeugnis, der sie später von Wolf auf dem Klaviere öfters vortragen hörte, ein gar herrliches Stück gewesen sein.*)

Auch den „Zerbrochenen Krug" hatte er oft in der Hand; an stillen Sommerabenden las er Modesta aus dem Lustspiel vor, und es war ihr, als ob einer alles vorgespielt hätte: so sichtbar gingen die Figuren aus den Worten hervor, und stellten sich hin vor die Zuhörerin.

Eines Tages zog Wolf einen Brief hervor, der ihm viel Freude gemacht hatte und zeigte ihn lächelnd dem Schwager; es war ein Schreiben Franz L i s z t s. Wolf hatte dem Altmeister ein Werk eigener Komposition zur Beurteilung übersendet, und Liszt, der geistige Förderer und Helfer, dankte ihm mit anerkennenden Worten, ja, er schrieb sogar an den Rand des Manuskriptes eine ihm notwendig scheinende Korrektur.**)

Einen seligen Sommer lebte Wolf dort; er hatte alles, was er brauchte, und das war wenig, aber er konnte der Natur tief ins Auge sehen, die er wie selten einer zu lieben vermochte. Es gab einige herrliche Ausflüge über mehrere Tage: so nach Schladming und ins grüne Ausseer-Landl, wo die Hahnenfedern von den Hüten nicken und Wiener Künstler sich sommerüber gern kolonisieren. Was konnte Hugo Wolf da einmal lachen, als er einen Dichter traf von dem er zufällig gesehen hatte, dass er ein — Reimlexikon benutzte. Er schüttelte sich nur so; satanisch war sein Gelächter.

Die schöne Zeit ging zu Ende, der Herbst kam, und der Sommergast musste zurück nach der Stadt, an den Arbeitstisch. Wie es Wolf dazumal ging, und wie er's trieb, hat er selbst an den Schwager geschrieben, und dieser Brief führt mitten in seine Lage. Ich möchte vorher nicht vergessen zu bemerken, dass Wolfs Briefe, so verschieden

---

*) Die Partitur ist jetzt erst, wie mitgeteilt wird, in den Besitz des Wiener Hugo Wolf-Vereins gekommen.

**) Wahrscheinlich ein Streichquartett in d-moll, schon 1879 komponiert.

sie je nach dem Charakter und der Persönlichkeit des Adressaten sind, immer ein Stück seines Lebens wiedererzählen. In den Briefen an seinen Schwager und dessen Frau aber spricht Hugo Wolf wie kaum in anderen frisch von der Leber weg. Er schreibt gleichsam immer in Hemdärmeln, und nach den innigsten Accenten hören wir plötzlich studentische Derbheiten. Zwischen Lachen und Weinen sind diese Briefe geschrieben. Die unendliche Milde seines Gemütes, dem Fremden oft verborgen unter allerhand Borstigkeiten, kommt hier zum Vorschein, ebenso wie sein Zorn, sein Sarkasmus, sein Lieben, Hoffen und Harren, kurz der ganze M e n s c h, weniger der Musiker Hugo Wolf gibt sich zum besten, und wir brauchen uns nur still in die Ecke zu setzen und zuzuhören.

„Ihr dürft mir's just nicht übelnehmen" schreibt er den 22. Oktober 1884 „dass ich Euren Brief so spät beantworte. Ich war in letzter Zeit der reine Komfortabelgaul stets auf den Beinen in allen geraden und schiefen Richtungen gehetzt und gepeitscht durch die elendesten Zufälligkeiten, wie sie halt alle aus einer Quelle aufsteigen: der Mooslosigkeit. Aber nun sei ein Triumphlied, ein Dithyrambus angestimmt, dass ich endlich den räuberischen Klauen der Hotelzimmerkellner gegen 26 fl. Lösegeld glücklich entgangen bin.

Seit gestern Abend wohne ich: I. Kumpfgasse 9, 4. Stock, Tür 10. Ich bin glücklich über mein neues Heim. Was ich so lange und so sehr angestrebt: ein ganz von der Stiege aus separiertes Zimmer — endlich finde ich's u. z. noch mit einem hübschen Vorzimmer, welches dem Wohnzimmer erst den würdigen Anstrich gibt, zumal wenn ein Kritiker ein solches bewohnt. Eine Klavierleihanstalt befindet sich auch in dieser Gasse und morgen schon soll eines zu mir heraufbugsiert werden.

Diese Wohnung gedenke ich über den Sommer nicht aufzugeben, denn inmitten der Stadt (nächst dem Stephanplatz) mit so viel Licht- (im fgl. und buchstbl. Sinne) und so wenig Schattenseiten (das im figürl. Sinne) um den Preis von 24 fl. pro Monat (Bedienung mit eingerechnet) eine Wohnung zu finden ist eine Rarität. Mein Zimmer ist geräumig, so dass, wenn Du kommen solltest, ein zweites Bett leicht untergebracht werden kann. Kurz, ich fühle mich schon jetzt wie zu Hause und das will mir ein gutes Zeichen für meinen dauernden Aufenthalt in der Kumpfgasse scheinen.

Betreffs der Aufführung meines Quartettes kann ich Dir vor der Hand noch nichts Bestimmtes mitteilen, da der verdammte Kopist erst heute mir die Stimmen überbracht, die schon vorige Woche hätten kopiert sein sollen. In einigen Tagen wirst Du über das Schicksal dieses Schmerzenskindes schon mehr erfahren, und wir wollen hoffen, auch Gutes.

In letzter Zeit bin ich um einen Freund ärmer geworden. Goldschmidt*) ist sammt Frau nach Paris gefahren, und wird dort bis zum Frühjahr verbleiben. Wir waren seit meiner Ankunft täglich beisammen und hatten immer grossen Ulk getrieben. Seine Frau und er haben Deiner zum öfteren freundlich gedacht.

[— — —] Meine erste Recension über meine Lieblingsoper „Der Vampyr" von Marschner schicke ich Dir zugleich mit diesem Briefe. Die Recension habe ich nach einem Gelage bei Frau R., wo ich allein eine halbe Flasche Wisky getrunken und halb besoffen davon ward, in der Nacht von 2 Uhr bis in die Frühe hinein geschrieben. Dass unter solchen Verhältnissen nichts Besonderes herausschauen konnte, wirst Du begreifen. Geh also nicht zu strenge ins Gericht. — Wie geht es Euch und den Kindern? Ich denke oft an Euch und dann komme ich in eine weiche, versöhnliche Stimmung und finde, dass es doch der Mühe wert ist, zu leben.

Seid alle herzlich gegrüsst und umarmt von Eurem dankbaren
Hugo Wolf."

Das Quartett, von dem Wolf hier spricht, ist wieder jenes alte d-moll-Quartett aus der Jugendzeit, das in der Tat, wie manches andere schöne Werk, sein Sorgenkind geworden ist. Die Recension, die er dem Schwager — zur Antikritik — beigelegt, ist nicht die allererste überhaupt, sondern die erste nach den Ferien.

Das glücklich eroberte Zimmer im 4. Stocke — das Haus, würde Murger sagen, hatte keinen fünften — die andauernde „Mooslosigkeit", wie die Studenten das so nennen, alles ist mit Lebendigkeit

---

*) Ad. von Goldschmidt brachte im März des folgenden Jahres seine „Sieben Todsünden" im Château d'Eau unter Lamoureux' Leitung nach längerer Vorbereitung zur Aufführung.

und Humor geschildert, mit einer reizenden Natürlichkeit erzählt, und von einem, der die Armut fröhlich ertragen hat. Und Wolf war auch niemals böse, dass er nicht, wie grosse Herren mit siebenstelligen Zahlen zu rechnen hatte. Mochte er zu Zeiten auch in manch vornehmem Haus, sei es als Gast, sei es als Lehrer, ein und ausgegangen sein, er beneidete niemanden um seinen Stand, Titel und seine Equipagen, weil er es nicht konnte. Drum, als er später Goethes „Spottlied" komponierte, brauchte er nicht lange nach der Melodie zu dem bekannten Text zu suchen. Er schrieb kein Literatur-Lied, es war ein Monolog, oder ein Tagebuchblatt aus seiner Lebenschronik:

> Ich armer Teufel, Herr Baron
> Beneide Sie um Ihren Stand
> Um Ihren Platz so nah dem Thron
> Und um manch schön Stück Ackerland.

> Mich armen Teufel, Herr Baron
> Beneiden Sie so wie es scheint,
> Weil die Natur vom Knaben schon
> Mit mir es mütterlich gemeint.

> Nun dächt ich lieber Herr Baron
> Wir liessen's bleiben wie wir sind,
> Sie blieben des Herrn Vaters Sohn
> Und ich blieb meiner Mutter Kind.
> Wir leben ohne Neid und Hass
> Begehrend nicht des Andern Titel,
> Sie keinen Platz auf dem Parnass,
> Und keinen ich in dem Kapitel.

Mehr aber, als alle äusserlichen Widrigkeiten beunruhigte ihn das hartnäckige Schicksal, das ihm trotz aller Bemühungen Versuche und Empfehlungen verweigerte, was er ebenso ersehnte, als er es brauchte: einen Verleger.

Schon im Jahre 1883 hatte er an Felix Mottl — es ist der Anfang des im 3. Kapitel mitgeteilten Briefes — geschrieben:

„‚Nun Alberich! das schlug fehl!' und bei meinem gewohnten Verlegerpech wundert es mich auch gar nicht mehr, mein lieber Freund! Schott refüsierte in der höflichsten Weise die Herausgabe meiner Lieder und bedauert die Ablehnung derselben umsomehr, als Sie ihm meine Sache so warm ans Herz gelegt. Ich will's nun auf gut Glück mit Breitkopf & Härtel versuchen, da ich mich nicht entschliessen kann, trotz Hanslicks Empfehlung, meine Kompositionen Simrock anzubieten... Wenn mir die Zukunft nur nicht einen zweiten W. aufgespart hat, der sich mit Manuskripten aus dem Staub macht und am Ende noch fremde Erzeugnisse mit seiner Signatur versieht — ich möchte nichts verschrieen haben — aber mein Verlegerunglück ist ausgemacht."

Und am 21. Januar 1885 wiederholt er von Wien aus an den Schwager die alte Herzensklage in neuen Variationen:

„Geliebtester in Christo!

Bin gewiss ein schrecklicher Kerl? Ja, hat aber auch eine Kreatur der Göttin Faulheit mit solchem Eifer je gedient, als ich es seit einiger Zeit tue? Gewiss nicht. Ich befleissige mich jetzt förmlich, faul zu sein und dieser meiner neuesten Leidenschaft ist es zuzuschreiben, dass ich erst heute Deine Zeilen beantworte.

Meine Lieder und Sonstiges wirst Du schwerlich sobald gedruckt sehen. G. ist wortbrüchig worden — eine Krankheit, an der alle Verleger leiden. Ich tröste mich mit den Worten Berlioz': Erheben wir uns über die Miséren des Lebens; entschlagen wir uns aller schwarzen Gedanken und singen wir mit leichter Stimme den so bekannten munteren Refrain:

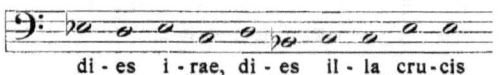
di - es i - rae, di - es il - la cru - cis

Du hast ebenso gut Ursache, in diesen munteren Refrain einzustimmen, als wie ich. Also tu's. Ein wenig mehr oder weniger falsch schadet nichts — im Gegenteil — hier ist's am Platz.

Von ganzem Herzen Dein

„muntrer" Genosse

Hugo Wolf"

In all diesem Verlegerpech hatte er noch seine gute Laune, und lächelnd berichtet er von Misserfolgen, die für ihn geradezu tragisch

MURAU

waren, von der unheilbaren „Krankheit" seiner Verleger, unter der er selber am meisten litt. Er wusste, was in ihm sass und was er alles noch zu geben hatte, aber er stand vor zugeschlagenen Türen, denn niemand glaubte, dass er ein Schatzbringer sei, niemand gedachte, mit Liedern eines Unbekannten namens H. Wolf ein „Geschäft" zu machen. „Wenn ich einmal krepiert sein werde," sagte Wolf damals zu Strasser, „dann wird sich was aus meinen Sachen herausschlagen lassen." Was aber diese Erfolglosigkeit gerade für eine Augenblicksnatur wie Wolf bedeutete, werden wir erst ermessen können, wenn wir seine ersten Liederhefte 1887 erscheinen sehen. Da quoll mit einemmal eine so mächtige Schöpferkraft in ihm auf, dass in wenigen Tagen ganze Serien von Gesängen fertig waren: wie aus einem vollen Fasse, dessen Spund man plötzlich öffnet, strömte es unerschöpflich. Da diente er nicht mehr „der Göttin Faulheit", da war er der Fleiss selber — o, er wusste wohl warum — und mit dem ersten Erfolg kam auch der selige Glaube an den Beruf zurück. Vielleicht haben nicht alle schlechten Kritiken zusammen, die je über Wolf geschrieben wurden, und nicht, dass er von mancher Seite überhaupt verschwiegen wurde, sein Künstlertum s o beeinträchtigt wie d e r Umstand, dass er, der Wohllautbringer, in jenen Jahren überhaupt nicht zum Worte kommen konnte, und selbst für den Kritiker Wolf mochte es, was das Gewicht seines Urteiles anlangte, nicht ohne Bedeutung gewesen sein.

Dass Wolf, wie wir oben lasen, an Simrock von Eduard Hanslick empfohlen worden war, eine Empfehlung, von der er freilich keinen Gebrauch machte, wird manchem aufgefallen sein. Hugo Wolf und Eduard Hanslick? Die beiden Namen schauen einander so unversöhnlich an, dass es gar nicht den Anschein hat, als könnte man sie je unter dem Titel einer Bekanntschaft vereinigen. Und doch; diese Bekanntschaft bestand, war sie gleich auch nur sehr flüchtig, und es dürfte der seither verstorbene Bildhauer Victor Tilgner gewesen sein, der sie veranlasste. Tilgner wohnte im selben Hause wie Hanslick und erzählte seinem Wohnungsnachbar manches von Hugo Wolf: dass er zwar ein bischen „wild", doch von echter Kunstbegeisterung und redlichem Streben erfüllt sei, dass es ihm mitunter recht knapp gehe und er eine Empfehlung an einen Verleger brauche. Hanslick gab nun die Empfehlung, u. z. an die ihm befreundete Firma Simrock, und lernte später Wolf selbst kennen, ohne dass man angeben könnte, welchen Eindruck er von dem Besuche empfangen habe. Es war das einzige Mal, dass sich der berühmte Kritiker und unser Musiker persönlich gegenüber standen; zwanzig Jahre sind seitdem verflossen.

Was Hugo Wolf anlangt, so hat er Hanslicks feine literarische Begabung ebenso wenig unterschätzt, als er die Sache billigen konnte, der Hanslick sein Formtalent dienstbar machte. Er hielt — wie er am 22. März 1885 schrieb — „den tonangebenden Kritiker der Wiener Presse für einen viel zu geistreichen, klar und logisch denkenden Kopf, als dass uns sein ewiger Protest gegen die Kunstform Wagners und Liszts als etwas anderes denn ein kritisches Steckenpferd dünken sollte, das besagter Kritiker bald mit Anmut, bald mit Würde, immer aber mit sichtlichem Vergnügen besteigt."

Was hinwiederum Dr. Eduard Hanslick über Hugo Wolfs Werke schrieb, soll uns noch beschäftigen, und ebenso wird eine oder die andere Notiz über das persönliche Verhältnis beider noch nachzutragen sein. — —

Wir kehren in das Jahr 1885 zurück. Der Winter fesselte Wolf wieder an die Stadt; reiche Referentenpflichten harrten seiner und es muss ihm bisweilen auf seinem Parkettsitz gar nicht behaglich zu Mute gewesen sein, „mit dem Opernglase bewaffnet, seine zwei Augen gehörig aufreissend, um hernach in der Recension ein Auge zuzudrücken", und er bittet seine „musikalischen Freunde", ihn ob seines guten Sitzes weniger zu beneiden als zu bedauern, und „tagtäglich dem Himmel zu danken, wenn sich ihnen keine Gelegenheit bietet", das Theater zu besuchen.

Schon im Frühling erwachte ihm wieder die Dichtersehnsucht nach dem Heimatland, aber dieses Jahr war ungnädig, und Wolf konnte den Schwager und dessen Familie überhaupt nicht besuchen. Die folgenden Briefe schildern sein Verlangen nach dem traulichen Kreise der Beamtenfamilie, vor allem aber nach Strasser selbst. Und aus vielen Verbitterungen heraus, in menschenfeindlicher Stimmung, klammert Wolf sich gleichsam an die schlichte, herzliche Natur dieses Mannes, ja er macht ihm eine förmliche Liebeserklärung, denn es drängte seine so unsäglich komplizierte und doch wiederum so einfache Natur zu Leuten von geradem Schlag, an ihren offenen Herzen die Zuflucht zu finden.

Um das zu verstehen, was sie uns sagen sollen, bedürfen wir bei der Lektüre der folgenden Briefe keiner Erklärung der Familien-Vorkommnisse, an die sie anknüpfen.

„Mein lieber Strasser!" — schreibt Wolf aus Wien vom 9. Juni 1885 — so habe ich mir Deine Antwort verhofft; in demselben herzlichen Tone, wie es Deinem selbstlosen, nobeln, edeln Wesen entspricht. Herzensjunge! Wie hat es nur die Natur angestellt, einen so famosen Blitzkerl zu kneten, als Du einer bist? Nein, Du ahnst nicht im Entferntesten, wie mich Deine lieben Zeilen entzückt. Du bist der einzige Mensch, dem ich auch von ganzem Herzen zugetan bin, den ich liebe, achte und verehre. Du bist der einzige, der mich noch glauben macht, der Mensch sei nicht ganz Bestie und in diesem ‚ganz' liegt schon ein grosses Lob für Dich, denn gemeinhin fand ich die Menschen noch tief unter der Bestie. Kurzum und ohne viel Umschweife: ich liebe Dich. — Erfahre nun weiter, dass ich es vorziehen muss, den Sommer in Wien (eventuell Döbling bei Wien) zuzubringen. Ich benötigte dringendst ein Klavier, einige grössere Arbeiten bis zum Herbst zu vollenden. Das Instrument muss ich zu jeder Stunde, wenn es mir gerade gefällt, benützen können und das ginge in Gröbming doch nicht gut an. Aus Ischl mir eines kommen zu lassen, vertrüge meine schwindsüchtige Kasse nicht, und da mir in Wien die Wohnung eines Freundes nebst einem Klavier überlassen bleibt, dürften meine Ersparnisse gerade ausreichen, mir bis zum Anfang der Saison das Leben zu fristen. Doch will ich meinem Vorsatze: Dich auf einige Tage zu besuchen, deshalb nicht untreu werden. Nur kann ich Dir die Zeit meiner Abreise noch nicht bestimmt angeben. Am liebsten wäre es mir, dich in Aussee zu treffen. Vielleicht begibst Du dich im Laufe des nächsten Monates dahin. Darüber werden wir uns ja noch verständigen.

Leb wohl. Brauchst Du oder wünschest Du Bücher, — schreibe. Hast Du Musse zu lesen, so werde ich Dich mit einem wunderbaren Romane von Thakeray bekannt machen. Bis 15. wohne ich in der

Kumpfgasse, von da ab: I. Mehlmarkt 15. Leb wohl. Herzlichsten, innigsten Dank. Hoffentlich auf Wiedersehen [— — —]."

Und ein paar Tage später, am 15. Juni, verhandelt Wolf mit Strasser über dasselbe Thema, nur diesmal nicht andante amabile, sondern con brio:

„Du bist ein Engel — eine Art „Onkel Benjamin", wenn Dir dieser Ausbund aller Tugenden bekannt, der bis auf das viele Saufen dein vollkommenes Ebenbild ist. Ich bitte Dich, gewöhne Deine honette Gurgel bei Zeiten ans Saufen, sonst wird nie was rechtes aus Dir. Zur Anleitung und Ereiferung werde ich Dir demnächst den Onkel Benjamin schicken, und wenn wir uns vielleicht schon in kürzester Zeit wiedersehen werden, wollen wir uns zu Ehren dieses Helden ein paar Flaschen zu Gemüte führen. Vielleicht komme ich auf ein paar Tage Ende Juli oder August nach Gröbming; Dein liebenswürdiges Anerbieten, für mich ein Zimmer in Aigen mieten zu wollen, muss ich refüsieren. Ich bleibe in Wien. Bin vorgestern in meine neue Wohnung gezogen: I. Mehlmarkt 15, 3. Stock. Es ist die Wohnung meines Freundes Köchert, die auf das bequemste und reizendste hergerichtet, mir einen sehr ruhigen angenehmen Aufenthalt gewährt. Schreibe mir recht bald und sei herzlichst bedankt von Deinem Caput. p. S. [...]"

Es war nicht der einzige und nicht der grösste Liebesdienst, den Heinrich Köchert seinem Freunde Hugo Wolf erwies, als er ihm seine Wohnung für den Sommer überliess. Die Familie dieses Wiener Bürgers hat vielmehr die schützende Hand über den jungen Musiker in der härtesten Zeit seines Lebens gehalten. Schon im April 1879 war Wolf in das Köchertsche Haus gekommen, und beinahe 20 Jahre, bis zu seinem Ende dauerte der für ihn segensreiche Bund. Dem Hause, das ihm ein Asyl war, verdanken wir eine der schönsten deutschen „Hausmusiken": Den Epiphanias. Das Lied hat Wolf zur Feier des Geburtstages der Frau Melanie Köchert komponiert, und es wurde am Epiphaniastage von ihren Kindern Ilse, Hilde und Irmina im Kostüm der heiligen drei Könige gesungen und aufgeführt.

Welche „grössere Arbeiten" es nun sind, die Wolf in dieser Wohnung bis zum Herbste zu vollenden gedachte, lässt sich nicht mit Bestimmtheit sagen. Mutmasslich gedachte er am Prinzen von Homburg weiter zu schaffen, doch ist es wahrscheinlich, dass Wolf trotz seiner Arbeitslust in diesem Sommer gar keine grössere Arbeit vollendet hat.

Der nächste der aus dieser mit dem Schwager gepflogenen Korrespondenz erhaltenen Briefe aus Wien, unterm 23. Juli nach Irdning in Obersteier geschrieben, ist gar schön und charakteristisch.

„Was ist's denn mit Dir? ... Ich sehne mich von Dir wieder was zu hören. Wo steckst Du? Ich habe heute in meinen Manuskripten herumgestöbert und manche darunter gefunden, die auf Schloss Gstatt von mir bekritzelt worden. Auch Schladming, vom 30. August datiert, verewigt (!?) sich auf einem Blatt, das mit einer Skizze zum Trauermarsch aus dem ‚Prinzen von Homburg' beschmiert ist. Welche wunderbaren Erinnerungen erwachen in mir beim Anblick dieser Blätter! Es war die schönste Zeit meines Lebens, die ich auf Gstatt verlebt. Ich gäbe stracks meine Seligkeit her, könnte ich mit Euch wie dazumal, ein bescheidenes, aber seelenvoll vergnügtes Leben führen. Dich, Modesta und Deine Rangen muss ich heuer schmerzlich vermissen. Ich bin ganz wütend darüber. Wie geht's denn Deiner Familie? ich höre gar nichts von ihr. Gib mir doch die Adresse von Modesta bekannt, dass ich ihr einmal schreiben kann. Mein lieber, lieber Freund! — ich m u s s Dich heuer noch sehen. Bei Gott! ich bin ein hartgesottener Kerl, aber wenn ich an Dich, an Euch denke, werde ich butterweich. 's ist sonst nicht meine Art larmoyant zu sein, aber Ihr, mit Eurer grenzenlosen Schlichtheit und Herzensgüte könnt mich schluchzen machen wie zwei Dutzend Mühlräder. Du wirst mich auslachen, weil Du eine K... bist. Hol' Dich der Teufel und —" (folgt eine nicht wiederzugebende lustige Derbheit).

„Schreibe mir umgehend. Ich zähle die Minuten bis ich einen Brief von Dir in Händen habe.

Wenn ich mit meinen Arbeiten bald fertig werde, komme ich nächsten Monat zu Dir. Leb wohl und nochmals (dieselbe Aufforderung w. o.).

Dein Wölflein."

Man sieht, wie innig Wolf empfindet, wie er sich aber fast schämt, es zu gestehen, denn er flüchtet nach den zartesten Bekenntnissen unmittelbar in eine Derbheit, und schlägt nach dem ernstesten Wort sogleich seine Kapriolen. Voll sieht uns sein Angesicht hier entgegen. Alles, was in seiner Natur sitzt, lockert sich, wenn er an den Freund schreibt, der ihm verschwägert ist.

Mittlerweile war Josef Strasser aus dem Bezirke Gröbming nach dem uralten Städtchen M u r a u im Murtale versetzt worden, und Frau Modesta musste mit ihren vier Kindern — der Schule halber — nach Klagenfurt übersiedeln.

Nach Murau geht denn Wolfs nächster Brief ab.

„Wien, 1. August 1885. (Heute vor einem Jahre traf ich in Gstatt ein.) Mein lieber Schwager! Ich bin in der Tat einigermassen erstaunt über Dein heutiges, resp. gestriges Schreiben — ja, ich bin ärgerlich, erfreut, und jählings betrübt darüber. Ärgerlich, dass Du mich nicht g l e i c h von Deiner Übersiedelung verständigt, da ich so innigen Anteil an Deinen Schicksalen nehme; erfreut, dass Du in dem v ... Gröbning nichts mehr zu tun hast, und betrübt, dass ich Dich nicht mehr in Aussee treffen kann, welchen Egoismus Du mir in Anbetracht der herrlichen Stunden, die wir im gelobten „Ausseeerland'l" verlebt, nicht verübeln wirst. Murau soll zwar eine sehr schöne, romantische, altertümliche Stadt sein und sie wird mir gewiss gefallen, da ihr überdies noch der eine Vorzug zu statten kommt: Dich als ihren Gast zu beherbergen, ein Vorzug, der mancher altertümlichen romantischen Stadt abgeht. Vor Mitte d. M. werde ich indessen schwerlich loskommen, da ich mit meinen Arbeiten über Hals und Kopf beschäftigt bin. [— — —] Leb wohl; schreib recht bald, hörst Du? in Treuen Dein Hugo Wolf. Ich schreibe mich mit einem f und nicht mit ff merk dir's! Sprachenverbesserer!"

Erst zu Weihnachten 1885 trifft der nächste Brief aus Wien in Murau ein; er bringt dem Schwager wichtige Nachrichten: über die Penthesilea, über das Streichquartett, und er erzählt in knappen Worten von dem „grossen Warten" des Künstlers, von seinen vergeblichen Anfängen an die Oberfläche.

„Mein lieber Strasser! Wie kommt es denn nur, dass wir von einander so lange nichts gehört? Weisst Du's? ich weiss es nicht.

Doch halt. Ich, für meine Person weiss es schon. Ich wollte Dich mit einer Nachricht überraschen, die bei Deiner Teilnahme an den Schicksalen meiner künstlerischen Tätigkeit, auch dir eine grosse Freude bereiten sollte. Aber ich wartete, wartete, wartete — bis zum heutigen Tage, jedoch wurde ich nur mit Aussichten, Hoffnungen, Versicherungen u. dgl. schönen Sachen gespeist, die freilich den Appetit auf eine angenehme Art reizen, aber den Magen leer ausgehen lassen. Ich habe gute Aussichten meine Phentesilea in München und [...] zur Aufführung zu bringen. Bis Ende Januar muss sich's entscheiden. Bete für mich. — Wie's meinem Streichquartett ergangen, darüber gibt die beiliegende Recension vom 23. Oktober Aufschlüsse. Dieselbe hat viel Staub aufgewirbelt."

Bevor wir weiterlesen, wollen wir einen Augenblick nach dem Schicksal des Streichquartettes sehen; aus dem Beieinander von getäuschten Hoffnungen und vergeblichen Bemühungen hören wir über dieses Werk nichts als ein paar lakonische Andeutungen. Wie über eine längst begrabene Sache, über die mehr zu sagen nicht die Mühe lohnt, geht der Schreiber des Briefes kurz darüber hinweg. Er verweist auf den Bericht, gleichsam als das den Gegenstand betreffende Aktenstück. Kein Wort sonst fügt er bei. Und doch handelt es sich hier um einen Vorfall, der still unter der Decke des Lebens spielend, Wolf mehr als eine blosse Hoffnung wegnahm. Im September dieses Jahres hatte Wolf der Roséschen Quartettgesellschaft, die sich damals schon eines guten Rufes in Wien erfreute, übrigens auch der Hellmesbergerschen, der ersten Quartettvereinigung Wiens, sein „Schmerzenskind" zur öffentlichen Aufführung übergeben. Aber das Werk wurde — unbekannt aus welchen Gründen — abgelehnt, und Wolf hiervon im Oktober verständigt. Welche Motive die Ablehnung immer gehabt haben mochte,[*] sie hatte den Erfolg, Wolf aufs tiefste zu ver-

---

[*] Dr. Richard Kukula, der Redakteur des Salonsblattes war, als Wolf das Musikreferat inne hatte, erzählt in der „N. fr. Pr." vom 23. Febr. 1903, dass Wolf nur mit grösster Mühe dazu gebracht werden konnte, das Stück einzureichen. „Unzufrieden mit sich und der ganzen Welt, prophezeite er den Misserfolg, seine Aufregung unter schandvollsten Witzeleien — denn durch derlei suchte er seine Umgebung zu täuschen — verbergend... Die Quartettleitung, die Wolf nur von seinen spiessigen Kritiken her kannte, und trotz der Empfehlung seines Mitgliedes, des uns befreundeten Geigers Loh, von seinem Talente keine Ahnung hatte, lehnte die Aufführung des Werkes ab.

wunden, und da er zu keusch war, sein zerrissenes Innere der Welt zum Anschauen zu geben, schrieb er sich die ganze Sache vom Herzen herunter und machte sich über die Geschichte nicht schlecht lustig: über die Quartettgesellschaft Rosé, über die einstimmige Ablehnung und über sich selbst. So verdanken wir dem Vorfalle eine der originellsten Recensionen Wolfs, eine wahre Seelenphotographie. „M u s i k ?" ist der Aufsatz überschrieben, aus dessen schnurrigem Tone ein verhaltenes Weh klingt. Hier einige Stellen daraus:

„Es gibt wohl kaum etwas Betrübenderes, als einen noch so bescheidenen Wunsch nie erfüllt sehen zu können; und doch beschäftigt den Menschen nichts so sehr, als das Bangen oder die Zuversicht auf Erfüllung seiner Wünsche und Hoffnungen. Man wird darüber zum Narren, zum Trunkenbold, zum Misantropen, zum Sterndeuter, zum Hungerleider, zum Schatzgräber, zum Schuldenmacher, zum Teufelsbeschwörer, zum lyrischen Dichter, zum Bummler, zum unglücklichen Liebhaber, ja sogar zum Recensenten (wie z. B. ich) und Gott weiss zu was allem Nützlichen noch und Angenehmen. Fürwahr, man sollte, solchen Übelständen zu entgehen, sich in ein möglichst kühles Verhältnis zu seinen Wünschen und Hoffnungen stellen... man sollte Sprechstunden für so prätentiöse Gäste einrichten und diese Sprechstunden so unpünktlich als die eigene Hochachtung, die jeder Lump für sich hegt, nicht gerade darunter leidet, einhalten...

(Wenn ich an das furchtbare „non" denke, wie es von vier kräftigen Männerstimmen im reinsten unisono hervorgestossen, die Wände erzittern gemacht, kommt mir eine ähnliche Stelle im Orpheus von Gluck dagegen gehalten wirklich armselig vor...) freilich eine Ablehnung zu zwei Stimmen in sanften Terzengängen, dazu die dritte sich in artigen kontrapunktischen Wendungen (oder in diesem Falle besser: Windungen) gesellen, während die vierte als neutrale Macht, pausenzählend sich verhalten konnte, hätte mich ungleich sympathischer stimmen müssen.

Meine Herren! Haben Sie Mitleid mit uns armen Komponisten! Brüllen Sie nie einstimmig, wenn Sie ein Werk verurteilen, verteilen Sie sich in Atome, wofern Sie so etwas überhaupt vermögen, aber lassen Sie sich's nicht beikommen, hoffnungsvollen Autoren so gotteslästerliches ungereimtes Zeug von einstimmigen Beschlüssen gegen dieses oder jenes ihrer Werke schriftlich zukommen zu lassen. Üben Sie Höflichkeit und Milde. Versehen Sie Ihre Rocktaschen mit Zwiebeln, oder wenn Sie Phantasie genug haben, um durch dieses Medium Ihre Wasserkünste spielen zu lassen, so brauchen Sie nur an die Geschichte vom verlornen Sohn, an den hängengebliebenen Absalom, an Joseph in der Grube, an Jonas im Wallfischbauche, an den Katzenjammer des berühmten Trunkenboldes Noah, an das schmerzvolle Ende der guten Königin Kleopatra oder an sonst eine traurige Begebenheit aus der biblischen Geschichte zu denken...

Teil eines Briefes von Hugo Wolf
an Josef Strasser vom 23. Dez. 1885

kannt bist, siehst auch die Benjamins.
Das wird dir das Buch besonders werth
machen. Gewiß, mein Lieber, wirst Du
ebenso viel Nutzen aus diesem Buche schöp-
fen, als es Dir Annehmlichkeiten bereiten wird. Lies es nur sehr, sehr oft u.
schreibe mir, wie es Dir gefällt, sobald
Du es einigemale durchgelesen. Betrachte
es als Dein Trostgebet, Deine Morgen- u.
Abend-Andacht. Lerne es, wie ich, auswendig. Erfreue dich daran.
Gern hätte ich den Christbaum Deiner
lieben Kinder besorgt, aber ich bin so
arm, daß mich der Teufel jetzt einmal holen
möchte. Meine Seel! So schlecht ist's mir
schon lange nicht gegangen.

Dass diese Recension „viel Staub aufgewirbelt" hat, darf man Wolf aufs Wort zuglauben.

Das bei Rosé damals eingereichte Manuskript ist in der Folge durch einen unglücklichen Zufall — Wolf soll es in einem Tramwaywaggon vergessen haben — verloren gegangen. Erst lange Jahre danach gelangte der Hugo Wolf-Verein in den Besitz eines Streichquartettes in d-moll, höchst wahrscheinlich desselben, dem damals die Ablehnung beschieden war. Im Februar 1903 wurde es durch den Verein zur Aufführung gebracht und zwar mit dem grössten künstlerischen Erfolge. Ja, ein Kritiker schrieb über dieses Werk des Neunzehnjährigen, das an der Spitze dieselben Worte trägt, die Wagner als Motto vor den ersten Satz der Neunten setzte: „Entbehren sollst du, sollst entbehren" — es sei stellenweise von echt Beethovenschem Geiste erfüllt und sei so gemütstief, ideenreich und klangschön, dass es, früher aufgeführt, den Komponisten mit einem Schlag in die erste Reihe zeitgenössischer Tondichter hätte stellen können.[*]

Wenn die beiden d-moll-Quartette, das 1885 abgewiesene, und das 1903 aufgeführte identisch sind, was mutmasslich der Fall ist — dann war der Vorfall für Wolf nicht ein Malheur, sondern ein Unglück. Und es tröstet nur ein Eichendorff'sches Wort: Von allen guten Schwingen, zu brechen durch die Zeit, die mächtigste im Ringen, das ist ein rechtes Leid ... Wolfs ausführliche Recension in eigener Sache hatte demnach alles Recht für sich.

Nun lesen wir in dem oben angefangenen Weihnachtsbriefe vom 23. Dezember weiter, der an Strasser zugleich mit dem Buche Claude Tilliers gelangte. Eine kurze Widmung hatte Wolf auf das Titelblatt gesetzt, und in den Brief sein ganzes Herz hineingeschrieben:

„Zu Weihnacht hätte ich Dir gern ein grossartiges Geschenk gemacht: ein Königreich oder Himmelreich, wie Du's eben verdienst. Indessen wirst Du Dich auch in der kleinen Welt des „Onkel Benjamin" recht behaglich fühlen. Ich habe schon vor langem das Buch Dir kaufen wollen; nun die schöne Weihnachtszeit vor der Türe der Jahreswende steht, soll die Lektüre dieses Buches Dich mit allem Missgeschick des zur Neige gehenden Jahres versöhnen. Mit einer

---

[*] Prof. Dr. Richard Wallaschek in der „Zeit" vom 13. Febr. 1903.

Philosophie ausgerüstet, wie sie dem unvergleichlichen Benjamin allzeit zu Gebote steht, wirst auch Du Dich frohen Mutes, kühn und unverzagt durchs Leben schlagen. Du wirst dem neuen Jahre lachend in die Augen gucken und wenn es Dir eine Fratze schneiden sollte, wirst Du erst recht lachen. Freund! führe Dir dieses Buch ja zu Gemüte; es lässt sich gar viel daraus lernen, zumal in Deiner Lage. Die Kleinwelt, in die Du gebannt bist, sie ist auch die Benjamins. Das wird Dir das Buch besonders wert machen. Gewiss, mein Lieber, wirst Du ebenso viel Nutzen aus diesem Buch ziehen können, als es Dir Annehmlichkeiten bereiten wird. Lies es nur sehr, sehr oft und schreibe mir, wie es Dir gefällt, sobald Du es einigemale durchgelesen. Betrachte es als Dein Tischgebet, Deine Morgen- und Abend-Andacht. Lern es, wie ich, auswendig. Erfreue dich daran...

Gerne hätte ich den Christbaum deiner lieben Kinder bereichert, aber ich bin so arm, dass mich der Teufel nicht einmal holen möchte. Meiner Seel! So schlecht ist's mir schon lange nicht gegangen. [ ] und da ich nur von meiner Feder lebe, fast keinen Nebenverdienst habe, geht's mir erbärmlich schlecht. Ist Modesta bei Dir? Oder noch in Klagenfurt? Seit 5 Monaten höre ich nichts mehr von ihr. Wenn Du ihr schreibst, sage ihr, dass ich unzählige Male an sie und ihre Kinder denke, und dass ich ganz traurig bin, für den Christbaum nichts beisteuern zu können.

Leb' wohl. Glück auf zum neuen Jahre! Der Himmel bescheere dir einen Minxit. — Herzlichst
Dein
Wien, 23. Dezember 885. Hugo Wolf."

Nur die Treuherzigkeit selber kann solche Briefe geschrieben haben. Wo Hugo Wolf das Herz öffnet, sehen wir den verborgenen Schatz seiner Liebe und Güte schimmern, und die Annalen seines inneren Lebens erzählen uns von dem weichsten, kindlichsten Gemüt. Kinder waren ihm immer von allen die liebsten und teuersten Menschen, ein Freund und Vertrauter legte er ihnen die Hand aufs blonde Köpfchen, denn Unschuld ist das Wesen des Kindes, wie sie das Wesen der Natur ist; und nichts enttäuscht, was unschuldig ist. „Meiner Seel! So schlecht ist es mir schon lange nicht gegangen" — und doch schmerzt es ihn nicht so um seinetwegen, als deshalb, weil er dem kleinen Neffen und den Nichten diesmal gar nichts untern Christbaum legen konnte, wie er's gerne wohl gethan hätte.

Das Jahr vorher hatte er noch für jeden etwas bereit gehabt, ein Pferd samt Equipage für den Knaben, „Grosse Puppe", Puppenkasten und Pulcinell für die Mädchen, und sich dabei entschuldigt, weil die Grossen nur Grüsse bekamen: „Bedenkt aber, dass ich ein armer Teufel bin."

Dieses Jahr langte es nur zu einem schönen Buch für den Schwager; den Kleinen konnte er nichts bescheren: es ging ihm erbärmlich schlecht.

Der nächste Brief fällt schon ins neue Jahr, das nicht besser beginnen sollte, als das alte schloss. Wolf macht seine Lieben mit den weiteren Schicksalen seiner „Schmerzenskinder" bekannt. — Das Gebet des Schwagers hatte nichts genützt: die Partitur der Penthesilea kam aus München zurück. Dazwischen plaudert Wolf in seiner gutmütigen Weise von allerhand privaten Freuden, als wolle er sich mit ihnen trösten. Auch hatte er sich für den Schwager in Wien zu verwenden gesucht, worauf der Anfang des Briefes sich bezieht.

„Lieber Strasser! Liebe Modesta! Ich kann Gründe für mein langes Stillschweigen anführen; aber nicht etwa Faulheit oder überbürdete Arbeit oder Vergesslichkeit oder guter Wille sollen mir zu einer Ausrede verhelfen. Einzig nur die Hoffnung, Dir, lieber Strasser, als Antwort auf Eure lieben Zeilen eine freudige Nachricht mitteilen zu können, hielt meine schreiblustige Feder bis zum heutigen Tage im Zaum. Aber trotz meines unerträglich langen Ausharrens, konnte ich noch nichts Definitives erfahren [...]

Meine Penthesilea wurde in München nicht angenommen; ob sie in [...] zur Aufführung gelangen wird, das weiss der Himmel. Einstweilen muss es mir genügen, mein Streichquartett in einer Privat-Gesellschaft und zwar bei Goldschmidt aufgeführt zu wissen. Die Aufführung vor einem geladenen Publikum, aus ca. 60—80 Köpfen bestehend, findet Sonntag über acht Tage statt. Goldschmidt und Frau lassen Dich auf das Allerschönste grüssen. — Dir, liebe Modesta soll ich eigentlich eine Dankesadresse übermitteln, ein Diplom oder einen Orden oder etwas ähnliches; denn alle meine Freunde waren des Lobes und Entzückens voll über Dein epochemachendes Kletzenbrot. Ich habe bei jedem Bissen an Dich gedacht und dabei geschworen, dass ich kommenden Sommer Dich armfressen will. Ich komme ganz gewiss, denn ich habe bei meiner Glatzen geschworen. Mich freut's herzlich, dass Ihr wieder beinander seid. [...] Ich kann gar nicht mehr den Sommer erwarten, wieder in Eurem Kreise aufzuleben. Das stärkt und frischt einen für ein paar Winter gleich auf. Deine Photographie, Strasser, finde ich sehr gelungen, auch Goldschmidt, dem ich sie gezeigt. Mit Goldschmidt verkehre ich in letzter Zeit sehr viel; wir sind fast alle Tage beisammen und foppen uns nach Herzenslust. Kommenden Sommer werde ich Euch manche Schnurren von ihm zu erzählen haben. Schreibt, schreibt, schreibt recht bald Eurem

Hatzapitel.

Tausend Küsse, mit Nasenstübern vermischt, an die Kinder.

Wien, 25. Januar 1886."

Auch die halböffentliche Aufführung des Quartettes in Goldschmidts Wohnung sollte nicht zustande kommen. Wenigstens erinnert sich Goldschmidt nicht, dass das Werk je bei ihm gespielt worden wäre. Doch hat es das Winklersche Quartett — es ist längst auseinander gegangen — in der Wohnung des Primarius einmal probiert. Goldschmidt stand dem Freunde in Freud und Leid redlich bei, und es ist eine interessante Sympathie, die beide Männer verband: den liebenswürdigen Charmeur, den vornehmen Weltmann, den Componisten von gesellschaftlicher Politesse, und den kleinen heftigen Wolf, der ganz von unten herauf kam, seinen Weg zu nehmen, den Feind der Konvention, den Freund der urwüchsigen Aussprache.

Doch hat der Humor diese Genossenschaft fest zusammengehalten, und es geht manch feine Geschichte um, deren Helden Wolf und Goldschmidt waren.*)

Diesmal konnte es Wolf, alias Hatzapitel — sein selbstgewählter Spitzname — nicht erwarten, dass der Sommer kam, der ihn aus der

---

*) Eine der drolligsten Episoden ist die, welche Wolf in einen fingierten Rechtsstreit mit einem Herrn verwickelte, den er einmal unterrichtet hatte. Er empfing den Besuch eines Artztes, der ihm als Rechtsanwalt vorgestellt wurde, und es gab zwischen dem angeblichen Kranken und dem vermeintlichen Advokaten eine Lustspiel-Scene.

grossen unruhigen Stadt in das stille Kleinleben der Familie führte. Schon am 12. Mai 1886 schreibt er rasch, wie im Reisefieber, nach Murau: „In drei Wochen bin ich bei Euch. Am 6. oder 7. Juni reise ich von Wien ab und schnurstracks zu Euch." Aber, mitten drin, vergisst seine Gutherzigkeit doch nicht der Familie, die an die österreichische Provinz gebunden ist, und er meint, aus Wien, wo er lebt, jedem etwas mitbringen zu müssen, namentlich den Kleinen; und so fährt er fort:

„Deine Antworten auf meine Fragen haben mich befriedigt, aber wenn Du glaubst, dass ich mich schon ausgefragt, irrst Du Dich. Höre, was ich noch weiteres zu wissen verlangt: Eure Wünsche.

Das ist wenig, aber wenn jedes von Euch weiss, was es möchte, so verständige mich davon, denn ein Onkel, der aus der Residenz kommt, darf nicht mit leeren Händen kommen. Geniert Euch das nicht und lasst mich hören, wie sich Eure Wünsche verteilen. Schreibt mir, womit vor allem Dir und Modesta gedient ist, ob Nelli sich noch mit Puppen beschäftigt, ob Tino als Schulpflichtling (vielleicht auch Schulflüchtling) an den Brüsten der Weisheit saugend Märchenbücher oder doch Schulrequisiten oder sonst was dergl. Nützliches müssigem Spielwerk vorzieht? Wenn nicht, so kriegt er irgend ein vorsintweltflutliches Tier aus der Spielereiwarenhandlung. Destas und Jennys Geschmack dürfte sich mit den Jahren auch schon verfeinert haben; die schöne Zeit, wo Kinder an einem Kochlöffel mehr Vergnügen finden, als an der kostbarsten Spielerei haben sie wohl schon hinter sich. Der Mensch wird immer kritischer, je älter er wird. Wie weit es mit mir gekommen, ersiehst Du aus meiner Stellung. Adieu! Schreib mir Ausführliches. Verstanden? Nochmals Adieu! Dein Benjamin."

Nach diesen humorvollen Auseinandersetzungen legte „Onkel Benjamin" seine „schreiblustige Feder" bei Seite, die Korrespondenz bricht ab, denn nun kommt er selber nach Murau.

So wie er sich's ausgedacht hatte, geschah's ungefähr: am 12. Juni traf er ein. Aber auch nur diese eine Vorausbestimmung erfüllte sich. Alle anderen Erwartungen sollten fürs erste getäuscht sein und — wie gewöhnlich — wenn wir uns etwas recht schön ausgemalt haben, das Schicksal uns eine Nase dreht, dass wir dann gar keine Freuden an der Sache haben, so auch hier. Das Gebäude seiner Hoffnungen war fertig bis zum letzten Fensterkreuz, da kam eine Winzigkeit dazwischen und alles stürzte zusammen.

Schon Wolfs Ankunft in Murau hatte der Himmel nicht freudig begrüsst. Ein schwerer Regen troff herab, die Nebel krochen über den Wäldern, die Berge hatten sich versteckt, das ganze Land fröstelte. Öde schaute die Gebirgsstadt den Ankömmling aus der Residenz an. Aber das Unglück wollte noch ein Mehreres. Während Wolf seinen Koffer auspackte, flog ihm durch das Ungeschick einer Hausbewohnerin ein Wurfspielzeug, das er für die Kinder mitgebracht hatte, ins Auge, so dass er laut aufschrie. Die Folge war, dass das Auge erkrankte, Wolf die Heilung im dunkeln Zimmer abwarten und Strasser ihm mit Vorlesen die Zeit vertreiben musste. Dazu traten noch andere Fatalitäten. Die Kinder waren erkrankt und die Frau des Hauses selber, seine Schwester, lag zu Bette.

Drei Tage vor Wolfs Ankunft war Strasser ein Töchterchen geboren worden. Schon als der Gast davon hörte, wollte er gar nicht erst ins Haus, denn er, der grosse Kinderfreund, mochte von der Säuglingswirtschaft und dem Geschrei des Baby nichts wissen und gleich davon gehen. Indessen blieb er, wenn auch von einer abscheulichen Stimmung und Unbehaglichkeit erfüllt. Das war das schöne Murau, nach dem er sich ein halbes Jahr schon gesehnt hatte? Man sah ja garnichts. Und was man sah und hörte, war grässlich.

Nun ereignet sich aber noch etwas, was Wolf geradezu in eine seelische Katastrophe trieb. Die Eltern des neugeborenen Kindchens hatten den „Onkel aus der Residenz" gebeten, bei der Taufe Pate zu stehen; sie hatten's ihm arglos nahe gelegt und sich recht gefreut, den guten Hugo, von dem sie so viel hielten, und der die Kinder so lieb hatte, im Kirchenbuche eingetragen zu sehen. Das würde er doch sicher gerne tun. Er aber war plötzlich ein anderer. Er konnte das nicht, er wollte es nicht. Schweigend hatte er die Bitte angehört, dann verschwand er. Von Mittag an liess er sich nicht sehen. Man wusste nicht, was mit ihm geschehen. Er hatte sich irgendwo im nahen Wald versteckt, kurz er kam nicht mehr zum Vorschein. Man wartete den ganzen Nachmittag. Allein umsonst.

Am nächsten Morgen aber fand Strasser auf dem Tisch des Speisezimmers einen von Hugo beschriebenen Bogen Papier liegen. Und er las, auf das tiefste erschüttert:

„Mein lieber Beisskurz! Ich möchte am liebsten weinend um Deinen Hals fallen und ebenso Dir, Modesta! Ich bin steinunglücklich und zugleich wütend auf mich. Bedauert mich, denn ich weiss nun sicher, dass mein Los ist, alle die zu kränken, die mich lieben und die ich liebe. Es ist leider nicht das erste Mal, dass ich in einem solchen Seelenzustand mich befinde und das ist eben das traurige. Dadurch habe ich die Überzeugung gewonnen, dass meine Gemütsbeschaffenheit eine durchaus kranke ist und bleiben wird.

Was gäbe ich doch darum, wenn ich Dir den kleinen Dienst, Patenstelle bei Deinem Kind vertreten zu haben, getan hätte! Und glaube mir, innerlich war ich auch ganz damit einverstanden; aber da flüsterte mir so ein Teufel (und ich beherberge Legionen in mir) ins Ohr, dass ich's nicht tun sollte, weil Dich das schmerzen werde. Ich war sogleich einverstanden und da ich merkte, wie sehr Dir daran gelegen war, so weigerte ich mich erst recht. Und doch, — heute Mittag wollte ich schon den Mund auftun und Dir sagen, dass ich zu allem bereit bin und dies mit Freuden, da merkte ich Eure mürrischen Gesichter und die haben mir die Rede verschlagen.

Nun lach mich aus, ich bitte Dich, Herzliebster, denn Du wirst lange in der Welt suchen müssen, bis Du ein solches Prachtexemplar von einem Narren findest wie Deinen ehrenwerten Schwager, der Dich und Deine Frau von Herzen gern hat.

Denk Dir, ich hatte schon wieder den Vorsatz gefasst, Euch zu verlassen, weil ich mir gar zu ekelig vorkomme.

Ich will Euch heute nicht mehr sehen, weil ich's nicht über mich bringen kann, Euch ins Gesicht zu schauen. Verbrenne dies Blatt und red' mir nie mehr von der Geschichte.

Auf Wiedersehen morgen früh. Gute Nacht.

Dieses in der einsamen Nacht hingeworfene Schriftstück ist eines der ergreifendsten Bekenntnisse, das je ein Mensch geschrieben hat. Ein Stück Papier und die Beichte am Ohr des Freundes. Es offenbart einen Menschen in seinem tiefsten Elend, den Kampf einer reinen Seele mit einem dunklen Dämon, der sie heimsucht; und es spricht das Allergeheimste aus, das einer sich nur selbst ablauschen kann, ohne Rast in anklagender Offenheit. So erinnert es an Beethovens Heiligenstädter Testament oder wieder an Rousseaus Confessions. Die Schleier vor dem Eingang zu seinem Innersten hat ein Mensch weggerissen, eine furchtbare Wahrheit wird bloss. Vielleicht nur die Wahrheit einer Stunde, eines Nachmittags; und doch stöhnen die Worte gleichsam eine Ahnung hervor, die einmal Wahrheit werden sollte. Eine Zerknirschung klagt aus dem Papier, wie sie vielleicht nur fanatische Flagellanten fühlen; seine Seele peitscht einer, weil sie dem bösen Trieb unterlag, sein Herz zerfleischt einer, weil er es erkannte.

Wolf sah, dass er eine Natur war, in der mehrere Naturen staken, ein Mensch, in dem zwei Menschen lebten: ein lichter, liebender, kreuzbraver, herzensguter und ein dunkler, zorniger und wilder.

Sollen wir ihm recht geben?

Ein Dualismus bildete Wolfs Wesen; vielleicht ist er ein Erbstück des Blutes, vielleicht des Stammes, vielleicht ist er aus noch tieferen Schichten hervorgegangen.[*]) Wolf war gutmütig, herzlich, nobel, lieb und reizend, wie der deutsche Österreicher zu sein pflegt, und wieder „kritisch", abgeschlossen, unzugänglich, vereist, wie man die Leute im Unterland oft findet. Für die grosse Welt, die nur nach dem Äusseren tappt, war er keine leicht zu behandelnde, keine „bequeme" Natur, und doch vermochte er Menschen zu bezaubern, und seinen Freunden hat er Stunden der höchsten Weihe geschenkt. Man konnte zu Zeiten jeden Schritt bestimmen, den er

---

*) Es bleibe den Anhängern der Gobineauschen Lehre vorbehalten, einige Rätsel dieser Natur zu entziffern.

Das Haus in Murau, in dem Hugo Wolf im Sommer 1886 Mörikes „Gebet" schrieb

tun würde, und wiederum litt er an der Laune der genialen Menschen, die nichts berechnen lässt, als ihre Unberechenbarkeit. Einmal frisch, in rosiger Stimmung, von goldenem Humor, mit tausend Schnurren im Kopf, dann mit einemmale ganz umschlagend, zu nichts mehr zu gebrauchen. Er lebte zwischen Sonnenschein und Frühling, Nacht und Gewitter; von Lustgefühlen erfüllt, hoch aufjauchzend, von Katastrophen zu Boden geschlagen, von starken Affekten hin- und hergerissen, von Freud und Leid aus dem „normalen" Mittelpunkt getrieben, schien er den Menschen mitunter das, was man excentrisch nennt. Man erzählt sich von ihm geniale, unbegreifliche Anekdoten, und sie erinnern an die, die man von Baudelaire erzählt, und wieder scheint seine Natur so kombiniert, wie die Ludwigs van Beethoven. Auf den allerverschiedensten Stimmungshintergründen spielte sich sein Leben ab.*)

In Salzburg war es, als Wolf einmal um 3 Uhr morgens stürmisch Einlass in das Zimmer Carl Mucks, seines Kollegen, verlangte; und nach langem Parlamentieren eingelassen, stürzte er auf das Sofa und sprang darauf wie ein Besessener. Später klärte sich's: er war gekommen, weil er — Zahnweh hatte. Dann wurde er wieder ganz friedlich und gut und schlief ein. Und Eckstein weiss, dass Wolf während einer musikalischen Soirée in seinem Hause mit einemmale spurlos verschwand. Er fehlte an der Tafel, und als man ihn suchte, fand man ihn schlafend unterm Klavier. Hervorgeholt war er wieder ganz in Ordnung und spielte am Abend noch stundenlang bezaubernd Klavier.

Eine Kleinigkeit genügte, er wurde misstrauisch, und erklärte mit seinen besten Freunden selbst nicht mehr verkehren zu wollen. Ein Brief, der ihm einmal, von Freundeshand geöffnet, zukam, war der Grund, augenblicklich abzubrechen; später vergass er es wieder. Als ihm einer seiner treuesten Freunde eine Notensendung, ohne es zu wollen, an eine falsche Adresse nachschickte, — denn Wolf war mittlerweile abgereist — überschüttete er den Unglücklichen mit einer Flut von Beschimpfungen; nach einer Weile war er wieder der Alte. An Strasser schrieb er am 1. August 1885: „Mit Weibern lässt sich

---

*) Siehe: Dr. Ernst Jentsch, „Die Laune", eine ärztlich-psychologische Studie. Wiesbaden 1902.

auf Distanz ja recht gut verkehren." Und in der Tat, in seinem „Verhältnis zur Frau" war er von der ausserordentlichsten Zurückhaltung, ja, wie aus den Briefen an Strasser hervorgeht, dachte er in erotischen Dingen aufs strengste und reinste. In seinen italienischen und spanischen Liedern hat er einen Hymnus auf die Weibesliebe gedichtet, hat er die Frauenseele geradezu verklärt, wie er im Corregidor der treuen Gattenliebe ein Denkmal baute. Er liebte die Natur unsäglich; als er mit seinem Freunde Dr. Heinrich Potpeschnigg später, in der Mitte der neunziger Jahre durch Südtirol wanderte, und in der Frühe auf die Serpentine nach Schluderbach kam, während die Morgensonne gerade den Croda rossa beschien, da schrie, juchzte und jodelte er vor Entzücken, seine volle Naturfreude brach aus, er tanzte und sprang, als er die rote Wand im Morgenstrahl leuchten und glühen sah. Und es gab wieder Zeiten, wo er die Natur hasste; in unproduktiver Stimmung „chikanierte" ihn „dieser wundervolle Frühling mit seinem geheimnisvollen Leben und Weben" geradezu und „dieses verwirrende Drängen nach Leben, Gebären, Gestalten" machte ihn, in dessen Seele gerade „Windstille" herrschte, rasend, wie er am 26. April 1893 an Kauffmann schrieb.

Die letzten Gründe dieses Wesens verlieren sich ins Dunkel; aber das Dokoment, das Wolf in Murau schrieb, in der Hand, treten wir wie mit einer Kerze in ein dunkles Zimmer.

Wolf wusste um die Engel und die Teufel in der „Höhle seines Inneren", er kannte seine Natur, er litt an ihr, es gab Stunden, wo er an ihr verzweifelte. Eine dieser Stunden haben wir erlebt, und die Urkunde gelesen, die von ihr zeugt: Wolfs „Murauer Testament". Sein Herz zitterte in tiefster Not; ein Schrei aus ersticktem Halse, das Haupt sank ihm gegen die Brust — — — schweigend, und erschüttert von Liebe und Schmerz wenden wir uns ab.

Die nächsten Tage kamen, die Sonne trat in die Gegend ein, und alles war vorbei, alles war gut. Hinter dem Hause Strassers lag ein alter Garten, der bis an den Fluss hinablief, und dort, an dem Ufer der Mur, sass Wolf stundenlang und sah dem Wasser nach. Das Haus stand hinter der alten Kirche mit ihren schweren Portalen, eine vergangene Zeit sass in den Winkeln. Die halbverfallene Angelhütte im Garten wollte man aufrichten, aber Wolf duldete es nicht. Denn der Duft einer wundervollen, romantischen Stimmung stieg aus den Plätzen auf, wo alles so vergessen und still, weit hinter der Welt lag. Da zog er sein Mörikebüchlein aus der Tasche und las und träumte zwischen „Kaiserkron' und Päonien rot" von jenem gemütreichen Pfarrvikar, der auf seinen Postfahrten in die schwäbischen Landstädtchen ein Poet wurde. Und die Gedanken, die ihm zuflogen, waren fruchtbar. Vierundsechzig Jahre, nachdem der Dichter das „Gebet" erdacht, zog der Musiker die ersten Töne wie Fäden um die Verse. „Weisst du, dass ich ein kleiner Wagner bin?" kam Wolf eines Tages zu Strasser. „Schau, ich habe was gedichtet und will es selber komponieren". Und er begann zu lesen: „Herr, schicke was Du willt..." Strasser unterbrach, denn die Bildung „willt" schien ihm nicht in Ordnung. „O, Du...", rief Wolf, „siehst Du; das gefällt Dir halt nicht, weil Du glaubtest, es sei von mir. Ist ja von Mörike! Nun ist es schön, was?"

Und das Wolfsche Lied, wie es später geschrieben wurde, war schön; es hatte etwas von dem „wunderbaren Selbst" des Poeten, und hat ihn nicht nur den Deutschen wiedergegeben, sondern sein Bild sogar zu den Engländern hinübergetragen.*)

Je länger Wolf blieb, desto heimischer fühlte er sich; er grub sich dort ein, beinahe vier Monate lebte er in Murau. Nichts schreckte ihn mehr ab, nicht einmal der Säugling. Ja, dasselbe Kind, um dessentwillen er so tief gelitten hatte, wurde sein Liebling, und der Komponist des Gebetes zärtelte es und wartete es mit der Saugflasche, wenn die Mutter fortgegangen war, er war der treueste Wärter.

Sein stilles Glück in Murau wurde nur hier und da durch — Lärm gestört, wenn nämlich einer pfiff, ein Hahn zu krähen begann, oder ein Halter in der Frühe mit der Peitsche schnalzte. Solche Geräusche, oder das monotone Zirpen einer Grille konnten ihn ausser Rand und Band bringen, und er vermochte, wie später einmal in Unterach, eine halbe Nacht zu opfern, um eine vergnügte Grille zu fangen, die ihn störte. An Kauffmann schrieb er im Juli 1893:

---

*) Das „Gebet" ist nunmehr mit englischem Text, als „Prayer" erschienen.

„Werden Sie's glauben, dass mir Traunkirchen und zumal der Pfarrhof geradezu verhasst worden ist wegen des Vogelgesanges? Sie können sich es gar nicht vorstellen, was ich unter diesem vermaledeiten, eintönigen, in stets wohlgezählten kurzen Pausen sich wiederholenden Gezwitscher der Finken zumal zu leiden habe. Dass meine Nachtruhe von 3 Uhr morgens ab zu Ende ist, wäre noch nicht das schlimmste. Aber den ganzen lieben Tag dieses verfluchte Tirili anzuhören und machtlos dagegen sein zu müssen ... das ist denn doch des Guten zu viel." Selbst aber liebte er Melodieen von greller Farbe, oder Geräusche mit musikalischen Reizen. Schon als Knabe in St. Paul hatte er unaufhörlich den „Grafen von Luxemburg" oder den „lieben Augustin" vor sich hin singen können, und in Murau liess er Viertelstundenlang eine Türe in den Angeln quietschen, um die Tonhöhe heraus zu analysieren. Ja, in das neapolitanische Bänkel Funicula hat er sich später geradezu verliebt; unaufhörlich konnte er sich's vorsingen lassen, und er gedachte die Melodie in den dritten Satz seiner Italienischen Serenade für kleines Orchester als Thema aufzunehmen.

So gingen die Murauer Tage hin. Kam wieder der Herbst, und Wolf musste nach Wien zurückreisen.

Kaum trat er dem Leben der Grossstadt unter die Augen, schnitt es ihm auch schon eine Fratze. Im Oktober dieses Jahres war es, dass er einen neuen Schicksalsschlag erlitt. Er hatte sein zweites „Schmerzenskind", die Penthesilea-Dichtung einer österreichischen Orchestergesellschaft zur Aufführung eingereicht. Diesmal erhielt er zwar keinen einstimmigen Abweisungsbescheid wie zwei Jahre früher, als er sein Quartett eingereicht hatte. Zwar mochten ihn dieselben bösen Ahnungen erfüllen, „weiss der Himmel" was alles geschehen konnte, aber diese Ahnungen sollten von den Ereignissen noch überboten werden. Am 15. Oktober wurde die Penthesilea, die er liebte, schon weil eine Fülle von Arbeit in ihr eingeschlossen lag, vom Orchester probiert, denn die Gesellschaft entschied über Ablehnung oder Annahme jedes eingereichten Werkes. Wolf wohnte der Probe, von den Musikern ungesehen, bei — da hörte und sah er, was ihn vor Wut erbeben liess. Wie wenn ihm ins Gesicht geschlagen worden wäre, schäumend und kochend schreibt er drei Tage später am 18. Oktober nach Hause:

„Mein lieber Schwager, ditto Schwester!

Was ich in den letzten Tagen durchgemacht, davon könnt Ihr Euch auch nicht etwas träumen lassen. Ich bin geladen, wie eine Dynamitbombe, und wehe denen, die meinem Grimme verfallen sind!

Was liegt jetzt an mir, wenn ich auch selbst mit in die Luft fliege! weiss ich doch, dass mein Geschoss alle die ... die mich so schwer gereizt, zum Teufel befördert; sie sollen in Höllenschwefel geröstet werden und in Drachengift getaucht — ich hab es ihnen geschworen. Eine Schrift will ich gegen ... erlassen, dass der Teufel selber erbleichen soll. O, es wird ein Wutschrei durch ... gehen, wie solchen noch kein indianischer Schreihals erlebt. Aber hört:

Am vergangenen Freitag war meine Penthesilea in der Novitätenprobe aufgeführt. M e i n e Penthesilea? Nein; die Penthesilia eines Wahnsinnigen, Trottelhaften, eines Spassmachers und was Ihr sonst wollt, aber m e i n e Penthesilea war das nicht. Ich kann es Euch nicht beschreiben wie ... dieses Stück gespielt wurde."

Nun erzählt er weiter — die wörtliche Wiedergabe der Stelle ist wegen ihrer Drastik und persönlicher Beziehungen nicht möglich — welch ein Kauderwelsch herauskam, während der Kapellmeister, der das Stück zu befürworten versprochen habe, weiter dirigierte. „Es war der reine Narrenturm! Hierauf schallendes Gelächter von Seiten des Orchesters." Der Dirigent aber habe hierauf, anspielend auf Wolfs Recensionen, folgende Ansprache gehalten:

„Meine Herren, ich hätte das Stück nicht zu Ende spielen lassen, — aber ich wollte mir den Mann anschauen, der es wagt, s o über Meister Brahms zu schreiben.' Sprach's und schlug sich seitwärts in die Büsche. — dixi.

Nun wie gefällt Euch die Moral dieser Geschichte? ha ha! recht lustig, nicht wahr? verflucht lustig.

Meine erste Regung nach diesen Worten war: ... eine Herausforderung zu schicken. Den Bemühungen meiner anwesenden Freunde gelang es, mich von der Nutzlosigkeit eines solchen Schrittes zu überzeugen und mich von diesen Vorhaben abzubringen.

Jetzt sammle ich Daten zu einer Broschüre, die das Gebaren ... beleuchten wird, dass sie das Licht der Welt verfluchen werden, Nachteulen und Fledermäuse um ihre lichtscheue Existenz beneidend.

Lebt wohl und dankt Gott für den stillen Erdenwinkel, dahin er Euch verweht. Herzlichst Euer Benjamin."

Es war eine tiefe Demütigung, die Wolf hier erlitt, denn er wurde als Musiker vor dem Orchester blosgestellt, uud zweifellos konnte man ihn seine Brahms-Kritiken schwerer und verletzender nicht büssen lassen. Er muss, wie jeder, der seine Musik zum erstenmale vom vollen Orchester hört, vom Klange überrascht, in diesem Falle ziemlich überrascht worden sein, vieles mag er sich dem Klange nach anders vorgestellt haben, manches mochte unzulänglich geblieben sein. Seine Aufregung war eben so ungeheuer, über das Eine wie das Andere. Vielleicht aber hat die unglückliche Novitätenprobe dem Künstler vor einer anderen seelischen Katastrophe bewahrt; vor einem Misserfolge im Konzerte.

Denn so schönes Ideengut die Penthesilia auch enthält, Wolf scheint der formalen Darstellung des grossen Stoffes damals nicht Herr geworden zu sein, und schon die Durchsicht der Partitur überzeugt, dass die Instrumentation den Inhalt stellenweise erdrückt, statt ihn frei zu machen. Vielleicht hätte diesen „herrlichen Vorwurf" für musikalische Bearbeitung wirklich nur „ein Liszt oder Berlioz" bezwingen können.

Lange nach dieser ersten „praktischen Prüfung" führte die Praxis noch einmal den Beweis gegen die Instrumentation des Werkes, allerdings in durchaus untadeliger Weise. Denn im März 1902 kam die Penthesilea wiederum in eine Orchesterprobe. Hofkapellmeister W. Kähler, ein warmer Freund der Wolfschen Kuust, gedachte das Werk in Mannheim aufzuführen. Aber beim Durchspielen des Werkes „stellte es sich heraus, das die Instrumentation die gedanklichen Schönheiten der Penthesilea absolut nicht zur Geltung kommen lässt". Vielleicht wenn einem intimen Kreise der thematische Inhalt vorher auf dem Klaviere eingehend erklärt und genügend bekannt gemacht werden würde, liesse sich — nach Kählers Ansicht — erreichen, dass die vorbereiteten Hörer eben jenem Inhalt zu Liebe die wenig geschickte Form mit in den Kauf nehmen könnten.

Es ist also wahrscheinlich, dass die Penthesilea, 1886 vor einem unvorbereiteten Publikum aufgeführt, kaum mit Liebe empfangen und mit Beifall gekrönt worden wäre; und so blieb Wolf nach dem privaten wenigstens ein öffentlicher Misserfolg erspart.

Die Form freilich, in der die Ablehnung seines Werkes geschah, ist schwer zu billigen. Der praktisch erfahrene Dirigent hätte dem jungen Musiker schon nach der Lektüre des Werkes vorstellen können, es noch einer Umarbeitung zu unterziehen, oder er hätte ihm durch das getreu-genaue Vorspielen nachgewiesen, wo es noch mangelte, wo die Fehler staken, die eben einer Korrektur bedurften.

Aber freilich: die Brahms-Kritiken! Durch sie hatte sich's Wolf, der als Kritiker weder die Streberei nach unten, noch die nach oben kannte, so gründlich verdorben, dass er — es ist nun der dritte „Fall" — als Künstler nirgends die Hand fand, die sich ihm freundlich entgegengestreckt hätte. Wieder war er aufs tiefste verwundet, wieder waren Hoffnungen und Erwartungen in Trümmer gegangen.

Mit dieser grellen Dissonanz schliesst das sechsundzwanzigste Lebensjahr des Musikers ab.

― ― ― ― ― ― ― ― ―

Aus dem Jahre 1886 ist nur wenig Schaffensgut zu verzeichnen: zwei Lieder entstanden, die in dem Andenken des teuren Vaters gewidmetem Liederheft von 1887 Unterkunft fanden: „Der König bei der Krönung" und „Biterolf (im Lager von Akkon)".

An dem Königslied lässt sich der Höhenstand der künstlerischen Entwickelung Wolfs wie an einem Niveaumesser leicht ablesen. Aus älteren Sachen — wir sehen vom „Mausfallensprüchlein" dabei ab — gewahrt man noch die Technik, die die schöne Melodie als Hauptsache gleichsam in den Vordergrund rückt, wie etwa in dem 1877 komponierten „Morgentau". Noch ist auch die eigene Sprache klar und unverkennbar nicht entwickelt: im vierten und fünften Takt des Morgentaues spricht Robert Schumann, und namentlich der Septvorhalt im fünften Takt zeigt seine Anwesenheit an.

Anders, wenn der König bei der Krönung betet; hier flüstert er die Worte, die Wolf ihm in den Mund legt, wenn er auch einmal, vorübergehend, einen Wagnerischen Accent gebraucht. Die Scene — das ist nämlich dieses Lied schon — ist, wenn auch König Heinrichs Gebet im Lohengrin nicht nachempfunden — keine Wendung, die daran erinnerte — so doch dieser Scene nachgedacht oder nachgedichtet.

Man sieht den König. Feierlich-langsam breiten sich orgelartige Akkorde aus; man würde sie gerne instrumentieren und den Blechbläsern zuteilen; sie sind immer in tiefer Lage gehalten, und nur ein mal steigen sie zur lichten Höhe: bei den Worten: „dass ich wie eine Sonne strahle". Die Harmonik ist einfach gehalten, und bei den oben erwähnten Worten kommt es zu enharmonischen Verwechselungen, zu chromatischen Fortschreitungen. Die melodische Linie steigt aufwärts und senkt sich wieder, wie der Betende die Hände hebt und sinken lässt. Der Königs-Stimmung dient auch der dunkle Bariton der Singstimme; von echt Wolfscher Art ist die innigtreue Deklamation des Textes, die an einer Stelle durch die Synkopen dem dichterischen Ausdruck noch nachhilft. „O Vaterland wie bin ich dein" hatte Mörike — „O Vaterland wie bin ich dein" hat Wolf deklamiert. Ausser der Wolfschen, spricht nur einmal die Wagnersche Zunge: die Bitte des Königs „Lass mich . . . Priester oder Opfer sein" nimmt den Ausdruck von Elisabeths Bitte herüber, jener Stelle im Finale des 2. Aktes, wo sie Tannhäuser beschützt.

So verrät dies eine Lied, wie es in der Werkstätte aussah, in der Wolf 1886 schuf, verrät, was er liebte, und was er selbst vermochte.

Wie die Märzveilchen nach dem Winterfrost, so stecken diese ersten Lieder nach den bitteren Jugendjahren die Köpfchen in die freie Welt; duftend waren sie aufgegangen. Bald aber sollte nach dem „Vormärz" des Künstlers die helle warme Zeit kommen, und dichte Früchte süss und reif am Baume hangen.

Ebenfalls im SEVERUS Verlag erhältlich:

Ernst Decsey
Bruckner – Versuch eines Lebens
SEVERUS 2011 / 240 S. / 39,50 Euro
ISBN 978-3-86347-162-0

„Eine seltsame Erscheinung: eine breitgedrungene Gestalt, schwarz gekleidet, einen großen Schlapphut auf dem Kopf, die Beine in wunderlichen, weiten Hosen" – so beschreibt Ernst Decsey die Erscheinung des österreichischen Komponisten Anton Bruckner (1824-1896).

Tief im katholischen Glauben verwurzelt und von Neurosen geplagt, galt Anton Bruckner ein Leben lang als bäuerlich ungeschliffener Sonderling. Ernst Decsey hat es sich in dem vorliegenden Buch zum Ziel gesetzt, Bruckners Musik als Ergebnis einer inneren Haltung zu beleuchten.
Decsey zeichnet das Leben Bruckners von dessen Kindheit nach, über die Jahre als Lehrer und Organist, seine Anfänge als Komponist, die schwierigen Jahre in Wien und die späten Erfolge mit seinen Kompositionen. Die lebhafte Schilderung des Charakters wird dabei stets in das Zeitgeschehen des 19. Jahrhunderts eingebettet. Eine ausführliche Analyse einzelner Werke Bruckners – der Kirchenmusik zum einen, der Sinfonien zum anderen – bringt dem Leser die Brucknersche Klangsprache nahe. Notenbeispiele runden die Darstellung ab.

Ernst Decsey, geboren 1870, war als Musikkritiker bei verschiedenen österreichischen Zeitungen tätig. Er war außerdem freier Schriftsteller und Lehrer für Musikgeschichte und Ästhetik. Bekanntheit erlangte er vor allem durch seine Musiker-Biographien. Neben dem vorliegenden Band ist auch seine Arbeit über Hugo Wolf im SEVERUS-Verlag erschienen (ISBN 978-3-86347-161-3). Decsey starb 1941 in Wien.

www.severus-verlag.de

Ebenfalls im SEVERUS Verlag erhältlich:

Luitpold Griesser
Nietzsche und Wagner - neue Beiträge zur Geschichte und Psychologie ihrer Freundschaft
SEVERUS 2010 / 416 S. / 39,50 Euro
ISBN 978-3-942382-91-5

„Ich habe Wagner geliebt und niemand sonst! Er war ein Mensch nach meinem Herzen…" (Nietzsche)

Das Verhältnis zu Wagner beschäftigte Nietzsche allein in vier seiner Werke; die Freundschaft zwischen den beiden, „die tiefer gelitten haben, auch aneinander, als Menschen dieses Jahrhunderts zu leiden vermöchten" („Ecce homo") ist derart einzigartig, wie diese außergewöhnlichen Charaktere es selbst nur sein können.

Luitpold Griesser bietet in vorliegendem Werk eine spannende und psychologisch aufschlußreiche Sicht auf Nietzsches Liebes- und Leidensgeschichte mit Richard Wagner. Er führt dabei zurück an den Anfang der „Schicksalsgemeinschaft" – wo bereits die Aussicht auf ein Treffen Nietzsche in „ziemlichen Wirbel" versetzt – über den Bruch bis hin zu seiner Abkehr vom geliebten Idol und die Flucht in Kritik, Pessimismus und Einsamkeit.

Ebenfalls im SEVERUS Verlag erhältlich:

Theodor von Frimmel
Beethoven Studien I: Beethovens äußere Erscheinung
Mit einem Vorwort von Melina Duracak
SEVERUS 2010 / 184 S. / 29,50 Euro
ISBN 978-3-942382-80-9

Ludwig van Beethoven (1770-1827) hat sein Leben lang die Menschen mit seinem Wesen und seiner Musik aufgerührt. Mit seinem Widerstreben gegen die Form und seiner Konzentration auf die individuelle Vorstellung von Musik schlug er die Brücke von der Wiener Klassik zur Romantik.

Schon seit dem frühen 19. Jahrhundert entstanden zahlreiche künstlerische Darstellungen, die sich mit der Person Beethoven beschäftigen. Die Bilder und Fotografien vermitteln am anschaulichsten eine Vorstellung vom Leben und den Lebensumständen des Komponisten. Bis in die Gegenwart hinein dient die Person Ludwig van Beethoven als Inspiration für neue künstlerische Umsetzungen. Dieser Aspekt wird zunehmend in der musikwissenschaftlichen und kunsthistorischen Forschung von Bedeutung.

Theodor von Frimmel, einer der bedeutendsten Beethoven-Forscher, zeigt in dem vorliegenden Band Bildnisse des Komponisten, die zu seinen Lebzeiten und nach seinem Tod entstanden sind, und hinterfragt sie kritisch. Mißlungene Portraits werden aufgedeckt, gelungene hervorgehoben. Am Ende steht ein authentisches Bild Beethovens.

Ebenfalls im SEVERUS Verlag erhältlich:

Theodor von Frimmel
Beethoven Studien II: Bausteine zu einer Lebensgeschichte des Meisters
SEVERUS 2010 / 292 S./ 29,50 Euro
ISBN 978-3-942382-81-6

Ludwig van Beethoven, heute einer der meistaufgeführten Komponisten der Welt, wurde 1770 in Bonn geboren. Sein ehrgeiziger und alkoholabhängiger Vater wollte ihn zu einem „Wunderkind" à la Mozart machen und trieb ihn gewaltsam an. Schon bald war Beethoven der herausragendste Komponist und Klavierspieler Wiens. Er galt als Meister der Improvisation, seine Kammermusik bezeichnete man als vollkommen neuartig. Seine zahlreichen Symphonien, Klavierkonzerte, Streichquartette, Klaviersonaten, Messen und die Oper *Fidelio* führten die Wiener Klassik zu ihrem Höhepunkt und ebneten der Romantik ihren Weg. Beethoven, der seine letzten Jahre in völliger Taubheit verbrachte, komponierte noch bis ins hohe Alter hinein. Die Töne, die durchdrungen waren vom revolutionären Geiste, hatte er im Kopf. Abgeschieden von der Außenwelt starb das vereinsamte Genie 1827.

Theodor von Frimmel schildert in der vorliegenden Biographie eindrucksvoll Stationen aus dem Leben Beethovens. Er durchleuchtet die gesellschaftlichen Kreise des Komponisten und nennt bis dahin noch ungekannte Quellen. Gestützt werden seine Aussagen durch Augenzeugenberichte und Zitate Beethovens.

www.severus-verlag.de

Bisher im SEVERUS Verlag erschienen:

Achelis, Th. Die Entwicklung der Ehe * Die Religionen der Naturvölker im Umriß, Reihe ReligioSus Band V * **Andreas-Salomé, Lou** Rainer Maria Rilke * **Arenz, Karl** Die Entdeckungsreisen in Nord- und Mittelafrika von Richardson, Overweg, Barth und Vogel * **Aretz, Gertrude (Hrsg)** Napoleon I - Briefe an Frauen * **Ashburn, P.M** The ranks of death. A Medical History of the Conquest of America * **Avenarius, Richard** Kritik der reinen Erfahrung * Kritik der reinen Erfahrung, Zweiter Teil * **Beneke, Otto** Von unehrlichen Leuten: Kulturhistorische Studien und Geschichten aus vergangenen Tagen deutscher Gewerbe und Dienste * **Berneker, Erich** Graf Leo Tolstoi * **Bernstorff, Graf Johann Heinrich** Erinnerungen und Briefe * **Bie, Oscar** Franz Schubert - Sein Leben und sein Werk * **Binder, Julius** Grundlegung zur Rechtsphilosophie. Mit einem Extratext zur Rechtsphilosophie Hegels * **Bliedner, Arno** Schiller. Eine pädagogische Studie * **Birt, Theodor** Frauen der Antike * **Blümner, Hugo** Fahrendes Volk im Altertum * **Boos, Heinrich** Geschichte der Freimaurerei. Ein Beitrag zur Kultur- und Literatur-Geschichte des 18. Jahrhunderts * **Brahm, Otto** Das deutsche Ritterdrama des achtzehnten Jahrhunderts: Studien über Joseph August von Törring, seine Vorgänger und Nachfolger * **Brandes, Georg** Moderne Geister: Literarische Bildnisse aus dem 19. Jahrhundert. * **Braun, Lily** Lebenssucher * **Braun, Ferdinand** Drahtlose Telegraphie durch Wasser und Luft * **Brunnemann, Karl** Maximilian Robespierre - Ein Lebensbild nach zum Teil noch unbenutzten Quellen * **Büdinger, Max** Don Carlos Haft und Tod insbesondere nach den Auffassungen seiner Familie * **Burkamp, Wilhelm** Wirklichkeit und Sinn. Die objektive Gewordenheit des Sinns in der sinnfreien Wirklichkeit * **Caemmerer, Rudolf Karl Fritz** Die Entwicklung der strategischen Wissenschaft im 19. Jahrhundert * **Casper, Johann Ludwig** Handbuch der gerichtlich-medizinischen Leichen-Diagnostik: Thanatologischer Teil, Bd. 1 * Bd. 2 * **Cronau, Rudolf** Drei Jahrhunderte deutschen Lebens in Amerika. Eine Geschichte der Deutschen in den Vereinigten Staaten * **Cunow, Heinrich** Geschichte und Kultur des Inkareiches * **Cushing, Harvey** The life of Sir William Osler, Volume 1 * The life of Sir William Osler, Volume 2 * **Dahlke, Paul** Buddhismus als Religion und Moral, Reihe ReligioSus Band IV * **Dühren, Eugen** Der Marquis de Sade und seine Zeit. in Beitrag zur Kultur- und Sittengeschichte des 18. Jahrhunderts. Mit besonderer Beziehung auf die Lehre von der Psychopathia Sexualis * **Eckstein, Friedrich** Alte, unnennbare Tage. Erinnerungen aus siebzig Lehr- und Wanderjahren * Erinnerungen an Anton Bruckner * **Eiselsberg, Anton Freiherr von** Lebensweg eines Chirurgen * **Eloesser, Arthur** Thomas Mann - sein Leben und Werk * **Elsenhans, Theodor** Fries und Kant. Ein Beitrag zur Geschichte und zur systematischen Grundlegung der Erkenntnistheorie. * **Engel, Eduard** Shakespeare * Lord Byron. Eine Autobiographie nach Tagebüchern und Briefen. * **Ewald, Oscar** Nietzsches Lehre in ihren Grundbegriffen * Die französische Aufklärungsphilosophie * **Ferenczi, Sandor** Hysterie und Pathoneurosen * **Fichte, Immanuel Hermann** Die Idee der Persönlichkeit und der individuellen Fortdauer * **Fourier, Jean Baptiste Joseph Baron** Die Auflösung der bestimmten Gleichungen * **Frazer, James George** Totemism and Exogamy. A Treatise on Certain Early Forms of Superstition and Society * **Frey, Adolf** Albrecht von Haller und seine Bedeutung für die deutsche Literatur * **Frimmel, Theodor von** Beethoven Studien I. Beethovens äußere Erscheinung * Beethoven Studien II. Bausteine zu einer Lebensgeschichte des Meisters * **Fülleborn, Friedrich** Über eine medizinische Studienreise nach Panama, Westindien und den Vereinigten Staaten * **Gmelin, Johann Georg** Quousque? Beiträge zur soziologischen Rechtfindung * **Goette, Alexander** Holbeins Totentanz und seine Vorbilder * **Goldstein, Eugen** Canalstrahlen * **Graebner, Fritz** Das Weltbild der Primitiven: Eine Untersuchung der Urformen weltanschaulichen Denkens bei Naturvölkern * **Griesinger, Wilhelm** Handbuch der speciellen Pathologie und Therapie: Infectionskrankheiten * **Griesser, Luitpold** Nietzsche und Wagner - neue Beiträge zur Geschichte und Psychologie ihrer Freundschaft * **Hanstein, Adalbert von** Die Frauen in der Geschichte des Deutschen Geisteslebens des 18. und 19. Jahrhunderts * **Hartmann, Franz** Die Medizin des Theophrastus Paracelsus von Hohenheim * **Heller, August** Geschichte der Physik von Aristoteles bis auf die neueste Zeit. Bd. 1: Von Aristoteles bis Galilei * **Helmholtz, Hermann von** Reden und Vorträge, Bd. 1 * Reden und Vorträge, Bd. 2 * **Henker, Otto** Einführung in die Brillenlehre * **Henne am Rhyn, Otto** Aus Loge und Welt: Freimaurerische und kulturgeschichtliche Aufsätze * **Jahn, Ulrich** Die deutschen Opfergebräuche bei Ackerbau und Viehzucht. Ein Beitrag zur Deutschen Mythologie und Altertumskunde * **Kalkoff, Paul** Ulrich von Hutten und die Reformation. Eine kritische Geschichte seiner wichtigsten Lebenszeit und der Ent-

scheidungsjahre der Reformation (1517 - 1523), Reihe ReligioSus Band I * **Kaufmann, Max** Heines Liebesleben * **Kautsky, Karl** Terrorismus und Kommunismus: Ein Beitrag zur Naturgeschichte der Revolution * **Kerschensteiner, Georg** Theorie der Bildung * **Kotelmann, Ludwig** Gesundheitspflege im Mittelalter. Kulturgeschichtliche Studien nach Predigten des 13., 14. und 15. Jahrhunderts * **Klein, Wilhelm** Geschichte der Griechischen Kunst - Erster Band: Die Griechische Kunst bis Myron * **Krömeke, Franz** Friedrich Wilhelm Sertürner - Entdecker des Morphiums * **Külz, Ludwig** Tropenarzt im afrikanischen Busch * **Leimbach, Karl Alexander** Untersuchungen über die verschiedenen Moralsysteme * **Liliencron, Rochus von / Müllenhoff, Karl** Zur Runenlehre. Zwei Abhandlungen * **Mach, Ernst** Die Principien der Wärmelehre * **Mackenzie, William Leslie** Health and Disease * **Maurer, Konrad** Island von seiner ersten Entdeckung bis zum Untergange des Freistaats * **Mausbach, Joseph** Die Ethik des heiligen Augustinus. Erster Band: Die sittliche Ordnung und ihre Grundlagen * **Mauthner, Fritz** Die drei Bilder der Welt - ein sprachkritischer Versuch * **Meissner, Franz Hermann** Arnold Böcklin * **Meyer, Elard Hugo** Indogermanische Mythen, Bd. 1: Gandharven-Kentauren * **Müller, Adam** Versuche einer neuen Theorie des Geldes * **Müller, Conrad Alexander** von Humboldt und das Preußische Königshaus. Briefe aus den Jahren 1835-1857 * **Naumann, Friedrich** Freiheitskämpfe * **Oettingen, Arthur von** Die Schule der Physik * **Ossipow, Nikolai** Tolstois Kindheitserinnerungen. Ein Beitrag zu Freuds Libidotheorie * **Ostwald, Wilhelm** Erfinder und Entdecker * **Peters, Carl** Die deutsche Emin-Pascha-Expedition * **Poetter, Friedrich Christoph** Logik * **Popken, Minna** Im Kampf um die Welt des Lichts. Lebenserinnerungen und Bekenntnisse einer Ärztin * **Prutz, Hans** Neue Studien zur Geschichte der Jungfrau von Orléans * **Rank, Otto** Psychoanalytische Beiträge zur Mythenforschung. Gesammelte Studien aus den Jahren 1912 bis 1914. * **Ree, Paul Johannes** Peter Candid * **Rohr, Moritz von** Joseph Fraunhofers Leben, Leistungen und Wirksamkeit * **Rubinstein, Susanna** Ein individualistischer Pessimist: Beitrag zur Würdigung Philipp Mainländers * Eine Trias von Willensmetaphysikern: Populär-philosophische Essays * **Sachs, Eva** Die fünf platonischen Körper: Zur Geschichte der Mathematik und der Elementenlehre Platons und der Pythagoreer * **Scheidemann, Philipp** Memoiren eines Sozialdemokraten, Erster Band * Memoiren eines Sozialdemokraten, Zweiter Band * **Schleich, Carl Ludwig** Erinnerungen an Strindberg nebst Nachrufen für Ehrlich und von Bergmann * Das Ich und die Dämonien * **Schlösser, Rudolf** Rameaus Neffe - Studien und Untersuchungen zur Einführung in Goethes Übersetzung des Diderotschen Dialogs * **Schweitzer, Christoph** Reise nach Java und Ceylon (1675-1682). Reisebeschreibungen von deutschen Beamten und Kriegsleuten im Dienst der niederländischen West- und Ostindischen Kompagnien 1602 - 1797. * **Schweitzer, Philipp** Island - Land und Leute * **Sommerlad, Theo** Die soziale Wirksamkeit der Hohenzollern * **Stein, Heinrich von** Giordano Bruno. Gedanken über seine Lehre und sein Leben * **Strache, Hans** Der Eklektizismus des Antiochus von Askalon * **Sulger-Gebing, Emil** Goethe und Dante * **Thiersch, Hermann** Ludwig I von Bayern und die Georgia Augusta * Pro Samothrake * **Tyndall, John** Die Wärme betrachtet als eine Art der Bewegung, Bd. 1 * Die Wärme betrachtet als eine Art der Bewegung, Bd. 2 * **Virchow, Rudolf** Vier Reden über Leben und Kranksein * **Vollmann, Franz** Über das Verhältnis der späteren Stoa zur Sklaverei im römischen Reiche * **Volkmer, Franz** Das Verhältnis von Geist und Körper im Menschen (Seele und Leib) nach Cartesius * **Wachsmuth, Curt** Das alte Griechenland im neuen * **Weber, Paul** Beiträge zu Dürers Weltanschauung * **Wecklein, Nikolaus** Textkritische Studien zu den griechischen Tragikern * **Weinhold, Karl** Die heidnische Totenbestattung in Deutschland * **Wellhausen, Julius** Israelitische und Jüdische Geschichte, Reihe ReligioSus Band VI ***Wellmann, Max** Die pneumatische Schule bis auf Archigenes - in ihrer Entwickelung dargestellt * **Wernher, Adolf** Die Bestattung der Toten in Bezug auf Hygiene, geschichtliche Entwicklung und gesetzliche Bestimmungen * **Weygandt, Wilhelm** Abnorme Charaktere in der dramatischen Literatur. Shakespeare - Goethe - Ibsen - Gerhart Hauptmann * **Wlassak, Moriz** Zum römischen Provinzialprozeß * **Wulffen, Erich** Kriminalpädagogik: Ein Erziehungsbuch * **Wundt, Wilhelm** Reden und Aufsätze * **Zallinger, Otto** Die Ringgaben bei der Heirat und das Zusammengeben im mittelalterlich-deutschem Recht * **Zoozmann, Richard** Hans Sachs und die Reformation - In Gedichten und Prosastücken, Reihe ReligioSus Band III

www.ingramcontent.com/pod-product-compliance
Lightning Source LLC
Chambersburg PA
CBHW061349300426
44116CB00011B/2048